2022年

为师有道

上海交通大学"教书育人奖"事迹汇编

上海交通大学党委教师工作部　主编

上海交通大学出版社
SHANGHAI JIAO TONG UNIVERSITY PRESS

内容提要

本书由获得上海交通大学2022年"教书育人奖"个人一、二等奖和团队一、二等奖获奖个人及团队先进事迹共29篇文章汇编而成。为全面贯彻党的教育方针，推进落实全国高校思想政治工作会议精神，深入推进"学在交大"，增强广大教师"立德树人、教书育人"的荣誉感和责任感，2017年起，上海交通大学启动了首届"教书育人奖"的评选工作，每年一届，2022年为第六届。为充分展示获奖个人及团队的先进事迹，上海交通大学主页推出了"交大名师"专栏，对获奖教师的事迹进行展示，本书将其汇编，旨在充分发挥获奖教师或团队引领示范作用，激励广大教师心有大我、至诚报国、教书育人、敢为人先、淡泊名利、甘于奉献，进一步坚持"价值引领、知识探究、能力建设、人格养成"四位一体的人才培养理念，全面加快中国特色世界一流大学建设。本书适合所有高校教育工作者和教育管理者阅读、参考。

图书在版编目（CIP）数据

为师有道：2022年上海交通大学"教书育人奖"事迹汇编／上海交通大学党委教师工作部主编. —上海：上海交通大学出版社，2023.6
ISBN 978-7-313-28752-6

Ⅰ.①为… Ⅱ.①上… Ⅲ.①上海交通大学—优秀教师—先进事迹—2022 Ⅳ.①K825.46

中国国家版本馆CIP数据核字（2023）第088439号

为师有道
WEISHI YOUDAO
2022年上海交通大学"教书育人奖"事迹汇编
2022NIAN SHANGHAI JIAOTONG DAXUE "JIAOSHU YUREN JIANG" SHIJI HUIBIAN

主　　编：上海交通大学党委教师工作部			
出版发行：上海交通大学出版社	地　　址：上海市番禺路951号		
邮政编码：200030	电　　话：021-64071208		
印　　制：上海万卷印刷股份有限公司	经　　销：全国新华书店		
开　　本：710 mm×1000 mm　1/16	印　　张：10		
字　　数：152千字			
版　　次：2023年6月第1版	印　　次：2023年6月第1次印刷		
书　　号：ISBN 978-7-313-28752-6			
定　　价：68.00元			

目　录 Contents

"教书育人奖"集体奖

一等奖

二等奖

"教书育人奖"个人奖

一等奖

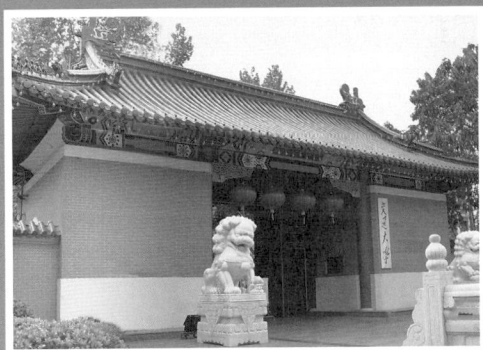

张执南：执笔匠心育人，引领成长航向

【名师名片】

张执南，上海交通大学2022年"教书育人奖"一等奖获得者，机械与动力工程学院教授、党委副书记，上海市青少年科学创新实践工作站站长。指导学生获得5篇上海交大优异学士学位论文，获全国科创、科普赛事最高奖3次。曾获上海市育才奖、上海交大卓越教学奖、晨星优秀青年教师A类、教学新秀、十佳班主任等多项荣誉。主持多项国家和省部级科研项目，发表中英文论文100余篇，授权发明专利10余项，参编中英文著作5本。兼任中国机械工业教育协会理事、中国机械工程学会摩擦学分会委员、*Friction* 等国际期刊编委。

【名师名言】

■ 为师者须有一颗仁心，须对教师这个职业发自内心地热爱。

■ 践行教书育人、立德树人的使命，尽100%的努力，帮助学生达到潜力所及的高度，做学生到达梦想彼岸的朴实摆渡人。

■ 用东风化雨之情、春泥护花之意来帮助学生们成长，帮助学生少走些不必要的弯路，少撞些不必要的南墙。

张执南毕业留校工作以来,踏实践行"立德树人、教书育人"的使命与责任,扎根教书育人和思政工作一线,致力于寻求人才培养象限上的最优解。

潜心教学改革,启智润心、引领启航

"扎根三尺讲台,潜心教书育人",是张执南永恒不变的理念。他深耕教学多年,绵绵用力、久久为功,着力打造优质"金课",提升教学质量。任教以来,他先后主讲课程28门次,获得上海交通大学"卓越教学奖"、国家级教学成果奖二等奖、上海市教学成果奖一等奖、教书育人奖(个人奖)三等奖等多项荣誉;负责的课程获评上海市重点课程、上海交大"双一流"研究生优质课程,获批上海交大第四批在线课程、混合式课程建设立项,入选致远荣誉课程,参编/译教材及参考书3部。

张执南以设计思维与方法为主线开展教学设计,培养学生的设计思维、工程思维与系统思维能力;注重教育理念的构建和教学方法的研究与优化,提出基于逆向教学设计理论的项目式教学法,开发基于Kolb学习循环理论的创新能力培养方法,通过"看—思—学—做"融合激发学术志趣,培养学生自主学习力、创新意识力、设计实践力;以学生培养为中心,兼顾共性与个性化学习需求,构建追求理解、教学相长、持续改善的教学设计模式,建设重视基础知识和能力素养的课堂教学与实践训练体系。他在担任课程负责人期间,积极推进多门课程和多个基层教学组织建设,带领团队持续提升第一课堂教学质量,帮助其他教师加深对课程的认知和理解,提升教学能力;创设总助教岗位,加强助教能力培养,开展助教培训,通过师生协同提升教学效能;建设课程辅助学习网站,汇聚学习资源,支持学生课外自主学习;开发一系列教学案例及教具资源,其中"水龙卷"教学案例入选2020年机械类课程典型教学案例征集及优秀案例展示、交流活动。

在课程改革和实践过程中,张执南还注重与国内外同行的教学交流与合作,不断总结推广好的经验做法,教学研究能力和改革成果得到国内外同行的高度认可,主持和主参上海市高校本科重点教学改革项目、机械工程虚拟教研室建设等5项教改项目,相关教改经验形成10篇论文发表在CSSCI与英文期刊上,5次受邀在国内外教学学术会议上作报告,在项目式教学研究方面形成了一定的影响力;应中国知网邀请讲授"毕业设计与毕业论文"课程,约7.9万人选修;在"第七届上海大学生创新创业训练项目成果展"进行经验分享,直播观看人次超21万。同时,他还兼任中国机械工业教育协会理事、中国机械行业卓越工程师教育联盟理事等职务,为新工科教育教学贡献自己的力量。

深耕学术厚土,指引前行、助力远航

作为学生学术和科研道路上的引路人,张执南深耕学术、言传身教,主持国家自然科学基金项目4项、装备预研项目4项,发表中英文期刊论文百余篇,授权国家发明专利10余件,担任中国机械工程学会摩擦学分会委员、中国图学学会数字孪生专委会常务委员,*Friction* 期刊编委以及 *Digital Twin* 期刊国际专家委员等。

张执南非常注重本科生的科研素养训练与创新实践,悉心指导 PRP 项目和毕业设计,细心打磨科研论文,以科创项目激发学生科研兴趣,对本科生学术思维的形成、科研能力、领导力以及团队合作精神的培养倾注了大量的心血。他近三年指导14名学生毕业设计,其中毕业设计成果获中国机械行业卓越工程师教育联盟"恒星杯"毕业设计大赛"二等奖""最具商业价值奖"及学院毕业设计项目展优秀设计一等奖等;1篇论文入选中国机械行业卓越工程师教育联盟2020年"毕业设计优秀作品",5篇论文入选校"优异学士学位论文";毕业设计研究成果发表在 *Research* 等高水平期刊上,授权国家发明专利3项;指导的学生获奖70余项,包括第九届全国大学生机械创新设计大赛一等奖、第十五届全国大学生交通运输科技大赛一等奖、全国"云说新科技"科普新星秀2021年度科普之星(五星,全国仅10项)、上海市大学生机械工程创新大赛一等奖等。张执南还积极推进人才培养实践基地建设,创建了校级学生科技创新工作室、交叉学科创新人才实践培养基地"iDesignLab 交叉学科创新实验室"等,指导了200余名本科生近40项的科创与实践项目。他还热心科普公益,担任上海市青少年科学创新实践工作站站长,致力于培养未来青年科创人才。

在研究生培养方面,张执南强调"有教无类,因材施教",给每一位研究生独特的成长规划与指导;提倡多学科知识的引导运用与交叉融合,引导研究生在解决工程应用难题和学科基础难题的过程中树立崇高的学术追求;注重培养研究生的跨学科学术交流能力,联合企业成立上海交大-集思未来交叉学科创新设计联合研究中心,策划了剑桥大学、普林斯顿大学、加利福尼亚大学洛杉矶分校等顶尖高校知名教授参与的"砺远—集思前沿交叉科学与未来技术讲坛",为学生提供近距离接触国际学术前沿的机会,帮助他们拓宽学术思维和视野。在学习科研的过程中,张执南还注重将价值引领与科研活动有机结合,引导学生将报国心、报国志、报国力内化于心外化于行。他指导的多名研究生在交叉学科和本领域顶级期刊发表多项科研成果,获 *Friction* 期刊最佳论文奖,近 20 人次获评国家奖学金、上海市优秀共青团员、上海市及校级优秀毕业生、学院优秀硕士学位论文等多项荣誉;指导及协助指导毕业的 4 名博士生中,2 人任 985 高校副教授,2 人在国家重点行业就业。

践行三全育人,春风化雨、以爱护航

张执南自担任学院分管学生工作的党委副书记以来,以"三全育人"为工作导向,将交大精神、工匠精神、家国情怀、科学精神等思政元素有机融合,充分实现"思政"与"育人"相协同,传道、授业、解惑相统一,促进学生健康全面发展;凝聚全员育人合力,增强育人综合效应,推动实行研究生班主任制度,落实专业教师、思政教师、管理人员等人才培养联席会议制度,深化校企联合育人机制;致力于打造全过程育人体系,统筹设计新生入学教育,引导新生尽快适应大学生活;因势利导开展思政教育,在评奖评优过程中突出品德修养;积极推动就业引导,精准输送更多优秀学子到祖国和人民最需要的地方建功立业,鼓励和支持毕业生"立大志、明大德、成大才、担大任";构建全方位育人格局和"导学思政"工作体系,带领思政团队做好 4 000 余名学生的思政教育,关心学生成长和心理健康,用心做好学生管理服务各项工作,将"价值塑造"贯穿思政育人全过程,为培育时代新人不懈努力。在他的带领下,2021 年学院再度荣获学生工作先进集体第一名、校就业质量最高奖等荣誉,2022年学院第五次斩获"挑战杯"全国大学生课外学术科技作品竞赛特等奖。

张执南十余载坚守思政育人一线,在班主任、兼职思政教师、研究生导师等工作中,坚持严爱相济、润己泽人,以人格魅力呵护学生心灵,把自己的温暖和情感倾注到每一个学生身上,从学习、科研、生活、人生规划等多方面关心与陪伴学生的成长,成为学生心目中"最接地气的老师"和"最富学识的玩伴"。2022年,面对突如其来的校园疫情,他身体力行上好抗疫这堂"大思政课",冲在一线、全力投入,与百余名博士研究生同吃同住,并肩抗疫。在封控管理期间,他对楼栋形势进行综合分析研判,积极调动学生党员、骨干组建"抗疫先锋队",通过线上会议、点对点交流等方式下好关键时刻的管理"先手棋";加强对学生的关注和关心,处理协调学生的学习保障、医疗诉求、快递需求等,保障大家在特殊时期的身心安全和健康。此外,作为200余名研究生的思政老师,他积极联动导师关心学生的身心状况,通过线上主题党日活动、毕业生远航教育,号召学生下沉到抗疫防控一线,积极参与校内外志愿服务,发挥交大学子的榜样作用。

在"教第一等书、育第一等人,做第一等学问"的道路上,张执南不断创新教学改革,坚持潜心问道与关注社会相统一,引导学生在科学研究与创新实践中提升能力素养,努力做学生成长过程中的良师益友和指路明灯。

陈险峰：育时代英才，赢满园春色

【名师名片】

陈险峰，上海交通大学 2022 年"教书育人奖"一等奖获得者，上海交通大学物理与天文学院特聘教授，国家杰出青年基金获得者，国家"万人计划"领军人才，科技部中青年科技创新领军人才，上海市优秀学术带头人和上海市曙光学者，享受政府特殊津贴。2010 年在首届上海交通大学"吾爱吾师"优秀研究生导师的评选活动中，当选为"吾爱吾师"十佳导师。2012 年，获得上海市育才奖。在他的带领下，实验室的创新成果得到了学术界的广泛认可，在 *Nature*、*Nature Photonics*、*Science Advances*、*Physical Review Letters* 等本领域国际重要 SCI 刊物上发表论文 300 余篇。

【名师名言】

■ 教育的真正目的是培养具有强烈责任感，对国家、对社会、对家庭、对自己有益，并具备较强的问题处理能力和健全人格的人。

■ 教书育人是一种"关爱"、一个举动、一句关心可能就会改变学生的人生。只有把学生当作自己的孩子尽心培养时，才能做到最好。

■ "爱出爱返"，当你从心里把爱给学生的时候，学生也会把他们的爱返给你，并且持续一生回报爱。

陈险峰是 1986 级本科、1990 级硕士、1995 级博士的老交大人,他始终秉持"教育的真正目的是培养具有强烈责任感的,对国家、对社会、对家庭、对自己有益,并具备较强的处理问题能力和良好人格的人"的理念,在交大教师岗位上深耕近 30 年,指导培养了百余名研究生,为千余名本科生和研究生授课,把交大人的责任与担当精神传递给每个学生。

恪人格以成之,佐热忱以就之

作为博士生导师,陈险峰经常反思"应该培养什么样的研究生"。他认为,研究生是未来推动科技创新发展的重要人才资源,导师不仅要帮助学生形成发现问题、分析问题和解决问题的逻辑思维,激发他们探索和创新的热情,更要引导学生养成正确的三观和健康的人格,全方位、多角度地把学生培养成既有益于国家和社会建设、又能够承担起家庭责任的"完全人",并在这个基础上,进一步实现自我价值,成长为"高水平人才"。

陈险峰指导的已毕业研究生活跃在祖国各处——有的在一流高校教书育人,有的投身于国防航天事业,有的致力于高新技术研发,有的自创公司,每个人都在自己的岗位上发光发热。比如,邓学伟(2011 年博士毕业),现任国家重大专项激光驱动器工程研制项目副组长,负责我国用于可控聚变研究的激光驱动器工程研制项目总体实施。朱亦铭(2008 年硕士毕业),入选国家卓越青年基金、国家万人计划,获得上海市技术发明一等奖(排名第 1)、上海市青年科技杰出贡献奖。孙启超(2018 年博士毕业),博士和博士后阶段从事光量子信息领域的研究,第一作者发表 Science 1 篇、Nature Photonics 2 篇,2021 年获得海外优青。郑远林(2013 年博士毕业),留校工作至今,从事微纳集成光电子学研究,作为第一作者发表在 Nature 等一系列高水平期刊上发表多篇论文,2021 年获得基金委优青。

陈险峰始终坚持"立体育人"模式,致力于培养学生多方面的素质——对待科研的热情和兴趣、创新能力、组织沟通能力、积极的心态和高度的责任感。实验室在读研究生 20 余名,无论是实验研究还是日常学习,他都会照顾到每一名学生。每周一次的大组会、每两周或三周一次小组会,以及每月一次的高水平学术报告会,为实验室营造了浓厚的学术氛围。每场讨论,他都认真听取每个学生的汇报,熟知他们的研究进展,鼓励学生勇敢地提出自己的想法,大胆地尝试和实践。他说,一个人只有满怀热情和责任去做科研,才可能激发出更多的创新性,取得更优异的成绩。同时,他也鼓励学生在学有余力的同时,积极参加社团活动,拓宽视野、培养兴趣、磨炼心性,他指导的多名研究生曾担任学院研究生会主席。正是因为陈险峰这种"有教无类,不拘一格"的施教理念,实验室里总是充满欢声笑语,氛围轻松融洽,同窗间、师生间彼此信任,大家一起讨论问题、解决问题,在灵感的碰撞中不断成长,彼此成就,享受着科研带来的欢乐。

学之导之,师之友之

陈险峰认为,优秀的导师不仅要做到传道授业解惑,还应凭借丰富的科研经历和人生阅历,把握好研究方向,激发学生灵感,为学生科研提供最好的后勤保障。他欣喜于"青出于蓝而胜于蓝",始终怀着"三人行,必有我师焉"的心态倾听学生的想法:碰到新思路,鼓励他们大胆尝试;碰到新问题,他也主动与学生交流探讨;碰到新领域,就与学生来一场"沙龙式"学习。他每天坚持关注本领域最新的科研动态,积极参加国内外的学术会议,永葆学术的新鲜度,力求走在科研的最前沿。

在陈险峰看来,导师和学生的关系像牛顿第三定律一样,当导师发自内心地把爱奉献给学生,学生也会真诚地把爱反哺给老师,这种感情是一辈子的,有很强的黏性。他一直把学生当作自己的孩子来对待,像父亲一样悉心教导学生,无私关怀学生。几乎所有研究生毕业后仍与他保持密切联系,每年教师节的问候和祝福、婚礼现场证婚人的角色、身处困境时给他打的每一通电话都是学生对他的敬意与偏爱。学生评价他为"最好的老板、最具人格魅力的导师,也是最慈爱的父亲、最贴心的朋友"。

教书育人，践行初心使命

在指导研究生科研的同时，陈险峰也将自己的教育理念融入本科生和研究生的课堂教学中。即便是教授了很多年的课程，他仍在每一堂课前认真准备，吸纳最前沿的知识。课堂上，他鼓励学生多思考，勇敢地表达自己的想法，他也会与学生分享自己的科研经历和感悟，帮助学生端正科研态度。他坚信"授之以鱼，不如授之以渔"，无论是本科生还是研究生，老师都应教导学生如何思考，如何用学到的知识去解决问题，培养他们形成科研的底层逻辑。

近十年来，陈险峰坚持为致远学院一年级学生讲授物理类基础课程"物理学引论"（2022年改为"电磁学"）。他将晦涩难懂的物理知识讲得通俗易懂，帮助学生建立清晰的物理图像，鼓励他们思考物理过程，而不是把注意力放在做题目上。他结合课程中的知识点，用形象化的语言和清晰的物理图像，介绍最新的研究前沿，在讲授电介质时，他讲解了"中国晶体：光学超晶格"并介绍最前沿的面向下一代信息技术的铌酸锂薄膜光子芯片。他因材施教，针对物理基础扎实的致远学生，会布置一些需要融会贯通才能解出的题目，这不仅促使同学查阅资料，深入思考和解决问题，还逐渐引导他们走上科研的道路。在讲解磁介质时，他布置了一道附加作业：解释磁流体在磁场作用下形成"刺猬"图案的物理原因，让学生了解和磁场与磁流体相互作用的物理机制，在此基础上，他给学生讲解了磁流体与激光结合如何相互作用并实现各种光磁应用这一前沿研究课题。2020年，陈险峰被评为致远荣誉计划课程教师。

陈险峰为物理专业研究生讲授"超快光学"课程已有十五年的时间，如今很多科研工作离不开超快激光，它广泛应用在各个学科的实验室中。课堂上，他用三分之二的时间讲解超快光学的基础物理知识；另外三分之一时间，让每位同学自己选择感兴趣的超快光学课题，调研文献，作出汇报，这个汇报要求包括物理规律、发展历史、应用以及最新研究进展；报告结束后，同学和老师一起讨论，集思广益。陈险峰通过报告和讨论的形式，和同学们一起探讨了2018年诺贝尔物理奖：激光啁啾放大技术，使同学们在理解诺贝尔物理奖背后物理知识的同时,也体会到物理学的魅力,增加了同学们对于科学研究的兴趣和信心。同学们说:"陈老师的课堂气氛总是让我们感到轻松活跃,同时学到很多前沿知识"。"超快光学"课程受到了同学们的欢迎和好评,并于 2021 年被评教为 A0(全校排名 1/1 740)。

陈捷：机遇最终会光顾那些脚踏实地，永远忠实于理想的人

【名师名片】

陈捷，上海交通大学2022年"教书育人奖"一等奖获得者。上海交通大学农业与生物学院农业资源与环境系特聘教授，享受国务院特殊津贴。全国优秀农业科技工作者，农业部有突出贡献中青年专家。获上海交通大学"凯原十佳"教师、"教书育人奖"集体二等奖等荣誉。培养指导的学生多人获国家杰出青年基金、国家优秀青年基金；多人获现代农业产业技术体系岗位科学家及国家级、省级拔尖人才等称号；多人科研成果获省部级科技进步奖一等奖6项。

【名师名言】

■ 教师留给学生最宝贵的财富应是"志存高远、脚踏实地"的精神。

■ 教师应以良好的品行和严谨的学风感染学生，以勤奋实干的作风带动学生。

■ 在农科人才培养中不仅要强调学术研究能力的培育，更重要的是培养知农、爱农、兴农人才。

■ 在农业生产实践中育人不仅能够帮助学生巩固课堂所学，而且能够培养学生攻克当前产业"真问题"、应对未来产业"真挑战"的创新能力。

陈捷从教 36 年,培养硕士、博士等 70 余名,他既是三尺讲台上的"孺子牛",又是扎根大地的"土专家",拥有"植物医生"的美誉。他创制的多种木霉菌生物防治制剂,是土传性病害的克星、激活植物免疫的明星、改良土壤的救星。他曾长期从事国家现代农业产业技术岗位科学家工作,带领学生和团队深入 16 个省份农业产区开展科学试验示范,推广农作物病虫害绿色防控新技术,培训基层农技骨干,他的足迹踏遍祖国大江南北。他以满腔热忱担负起"教书育人践行者"和"农业生态守护者"的责任和使命。

坚守立德树人初心,厚植学生家国情怀和敬业精神

陈捷始终牢记教书育人的初心使命,以脚踏实地和忘我工作精神影响着学生的成长。他每日工作 10 余个小时,经常以个人的成长经历教诲学生:规划好人生目标,坚持不懈地努力,才能走向成功。他鼓励学生不仅要刻苦钻研业务,而且要关心国家发展和行业动态,从而能够全面成长。他指导的研究生利用寒假带领其他同学到湖南长沙和岳阳等多地中学宣传"十九大"精神、介绍杰出校友黄旭华院士的先进事迹,受到当地师生的好评。多名学生获"上海市优秀毕业生""上海市优秀硕士学位论文""上海交通大学优秀学生党员""上海交通大学优秀毕业生""上海交通大学优秀奖学金"等荣誉。在疫情封控期间,陈捷带领学生撰写文章和专著,完成 36 万字的植物病害生物防治实践教程《木霉菌剂制备与应用技术》,该书将由中国农业出版社出版;他积极鼓励在校师生参加校园抗疫志愿者行动,其团队的李雅乾和王新华老师认真代管师生试验材料、克服困难完成实验室应急搬迁工作,其研究生主动申请志愿者承担核酸采样工作以及宿舍楼的物资分发等工作。

探索科研驱动型教改,培育学生批判性创新思维能力

陈捷多年来坚守教学第一线,主讲"高级植物病理学"和"植物病虫害生物防治学"等多门本科生和研究生课程。他主动将自然辩证法观点融入教学全过

程,引导学生以辩证法观点客观认识专业理论,建立了"批判式学习""创新拓展思维"和"科研方法引导性设计"等科研驱动型教学方法。在"植物病虫害生物防治学"教学中,他发现很多学生比较迷信已有的理论知识,认为凡是教材和论文上阐述的理论都是无可挑剔的。例如:大多数学生对《植物病虫害生物防治学》教材中关于生物防治定义的描述均深信不疑,即"生物防治是一种生物对付另一种生物的方法",具体来说就是"以菌治菌""以虫治虫"。陈捷向学生们指出:教材上的定义是片面的,如果从马克思的系统自然观"重视整体性""关联性"角度分析,生物防治本质上并不是"以菌治菌"或"以虫治虫"这么简单,更应强调其对生态系统的整体调控,进而实现对病虫害的生态防治。陈捷将马克思自然辩证法深化到专业课的教学中,实现专业学习与思政教育的统一。为了总结这一教学尝试,2020年他与本科生严志宇合作在《高等农业教育》期刊联合发表了论文《系统自然观融入〈植物病虫害生物防治〉专业课教学的实践与思考》,探讨马克思系统自然观培养学生辩证思维的思路,提出了马克思系统自然观和生态平衡理论是专业课程研修的哲学思想主线。

多年教学实践表明,"批判式"教学是提高专业课学习效果的重要方式。在研究生课程"高级植物病理学"教学过程中,每章讲授内容结束后陈捷均要让学生阅读1~2篇相关英文专业文献,让他们指出论文中实验设计方面存在的问题,培养学生"以批判的眼光"剖析国际论文,养成"挑错"的学习习惯。同时利用课堂讨论环节和课余"每周微信问答群",让研究生根据教学内容虚拟设计拟开展的学位论文研究方案并辅以及时指导。学生课堂演讲和师生共同质疑,极大提高了学生创新和严谨思维的能力。

探索产教融合育人新模式,提升学生综合能力

陈捷在育人途径上大胆创新,探索了科研理论创新和企业产业技术创新相结合的产教融合育人模式,取得良好效果。他指导博士生建立的木霉菌多序列位点鉴定技术系统(MIST)创新性解决了国际上木霉分类混乱状况,研究成果发表于国际微生物权威杂志 *Applied and Environmental Microbiology*,得到国际著名

微生物学家奥地利维也纳理工大学教授和南京农业大学全聘教授 Irina S. Druzhinina 的高度评价,成为国际真菌分类微生物木霉分类委员会 ICTT 重点推荐的木霉分类工具之一。他还指导博士生揭示了木霉疏水蛋白 hyd1 激发子与玉米根系靶标类泛醌蛋白 UBL 互作系统诱导全株抗性机理,在 JIPB 等杂志发表后,得到美国康奈尔大学国际木霉生物防治权威 Harman 教授的高度评价。在陈捷的悉心指导下,多名研究生发表创新性成果,均引起国内外同行关注。在团队师生的共同努力下,木霉菌生防资源评价与植物病害防控菌剂创制技术及应用研究成果,被中国农学会评审专家组认定达到国际领先水平,2019 年获农业农村部神农中华农业科技奖二等奖。

针对我国农作物病虫害生物防治需求,陈捷指导研究生创建了我国最大的"木霉菌种保藏管理中心"(http://www.china-cctc.org),保藏菌株万余株。针对我国玉米、小麦、果树和蔬菜面临的主要病害,开发出木霉生防颗粒剂、木霉-芽孢杆菌生防种衣剂和木霉土壤修复剂等新产品,形成一批以研究生为第一发明人的专利,其产品在提高作物产量、防控植物病害和连作土壤生物修复中表现出色,与企业合作后获得大面积推广。近年来木霉产品在 16 个省 38 个县推广 2 千余万亩(次),病害防效率达到 60%~96%,增产 9%~20%,减药 30%~50%。2020 年,陈捷团队与河北农业大学等单位合作完成的科研成果"玉米病虫害发生规律与系统防控技术"获河北省科技进步奖二等奖。

为探索产教融合育人新模式,2018—2022 年期间,陈捷团队与企业联合建立了 2 个校企联合实验室:上海交通大学-上海大井生物工程农业微生物资源筛选与应用联合实验室和上海交通大学-浙江华智生物科技有限公司生物刺激素联合研究实验室,选派研究生到合作企业生产基地参观、实习、联合研发,既解决了合作企业技术开发"痛点和短板",又使学生得到产业技术锻炼,事业成就感得到极大增强。陈捷指导的研究生作为第一发明人的 3 项木霉菌剂制备的国家发明专利转让上海大井生物工程有限公司后,企业一期投资 1.5 亿元在河南永城专门建立了年产 5 000 吨木霉液体发酵和菌肥生产基地,该基地目前已发展成为我国木霉菌肥最大的专业化生产基地,开发出 9 种微生物菌剂产品,获微生物菌肥证 3 项、木霉菌肥有机认证 1 项、欧盟有机认证 1 项,该企业也于 2022 年被上海市认定为高新技术企业。2021 年团队与企业联合研发的木霉颗粒剂入选中国农学会"科创中国"平台。团队开发的首个木霉代谢液肥料在全国不同作物上大面积应用,取得良好的防病增产效果。2019 年,陈捷指导研究生开发的"木霉和芽孢杆菌共培养方法及其共代谢产物的用途"专利技术转让浙江华智生物科技有限公司,获得浙江省湖州市南太湖精英计划资助,开发出首例木霉-芽孢共发酵菌剂产品在全国推广,2020 年 9 月该专利技术获中国·莫干山第四届全球高层次人才创新创业大赛三等奖。

通过产教融合平台的历练,学生们的科技创新素质和产业化技术的技能均得到全面提高,一名博士生工作之初就受聘为大型药企的 miRNA 和蛋白药物创制高级科学家,部分博士生毕业后到美国纽约大学、美国西奈山伊坎医学院等单位从事博士后研究。

创造国内外学术活动机会,拓宽学生学术视野

陈捷曾担任国际木霉大会第十三届主席、第十四届联合主席,国内历届木霉大会主席、第一届国际生防大会 ICBC－1 学术委员会成员、木霉专题研讨会主席,中国植物保护学会和中国植物病理学会生物防治专业委员会副主任和上海植物病理学会理事长。他鼓励研究生积极参加学术会议,拓宽学术视野,要求每位研究生在读期间至少参加 1~2 次国内外大型学术活动和学术交流,并力争作学术演讲。他带领博士生和博士后到新西兰和印度参加国际木霉学术研讨会,在国际学术舞台展示交大学子科研风采,历练他们的国际交流能力。多名学生在国际国内学术会议上进行交流,获优秀学术报告奖。他还为年轻教师、研究生争取以副主编或参编的身份编写国内外专著的机会,不仅提高了他们的科技写作水平,也帮助他们扩大了学术影响。陈捷鼓励并指导学生参加科创比赛,研究生获"挑战杯"上海市大学生创业计划大赛金奖和挑战杯"复星"中国大学生创业计划竞赛银奖等荣誉。

农业是立国之基,农业之本在绿色农业和现代生物技术。陈捷的毕生梦想

就是为我国培育农业微生物产业技术高端人才,把几十年研究教学和科研成果奉献给中国农业的可持续发展,为我国绿色农业蓬勃发展提供不竭动力。他告诉每一个学生:"机遇最终会光顾那些脚踏实地,永远忠实于理想的人。"他也始终以身垂范,将所有的光和热都奉献给自己最热爱的教育事业。

徐天乐：以科学之精神，培育创新之栋梁

【名师名片】

徐天乐，上海交通大学 2022 年"教书育人奖"一等奖获得者。上海交通大学特聘教授，基础医学院解剖学与生理学系主任，国家儿童医学中心（上海）儿童脑科学中心主任，上海交通大学医学院松江研究院执行院长。教育部"长江学者"特聘教授，国家杰出青年基金获得者，曾荣获上海市自然科学奖一等奖、上海市育才奖、上海市"优秀共产党员"及"师德标兵"等荣誉。已培养研究生 52 名，在 *Neuron* 等重要期刊上发表论文百余篇。

【名师名言】

■ 让每一个学生都能得到全面而有个性的发展，都有创造出彩人生的机会。

■ 要让每一个学生和青年教师都找到适合自己的舞台，在舞台上闪耀自我。

■ 帮助学生成长发展是教师最大的快乐。

■ 幸福比成功更重要，成人比成才更重要。

如果说一个好老师对学生的影响是一辈子的,那么,徐天乐做到了。作为上海交通大学医学院解剖学与生理学系主任、神经科学学科带头人,徐天乐在工作中治学严谨,注重细节,对于小事也丝毫不懈怠;在生活中,他又如慈父一般温暖包容,关怀体恤,贯穿着"教书与育人相统一"的教师风范。徐天乐秉持"学术引路,思想领航,超越自我,不断创新"的育人理念,将立德树人融入教学、科研全过程。他心中有责,不忘教师初心,热爱三尺讲台,以科学家精神传播真理、弘扬正气,以探索神经科学奥秘、推动国家脑科学与类脑智能发展为己任;他心中有爱,密切联系师生,关心、帮助、提携身边的每一个人。在 30 年的科学研究与医学教育中,徐天乐以勤勉奋斗书写人生底色,以立德树人彰显为师楷模,以追求卓越成就学者风范。

最大的快乐,就是帮助学生成长发展

作为神经生物学课程组首席教师,徐天乐除了主持和主讲"神经生物学"系列课程,参与器官系统整合课程"神经系统"团队教学,还担任本科八年制法文班导师,以及指导本科生 RBL 和大学创新性实验项目。近年来共带教 6 个本科生科研团队 24 人次。无论是在课堂上还是实验室中,他总是鼓励学生志存高远,用科学精神启迪科研思维。他带教的本科生多次在各级比赛中脱颖而出,屡获佳绩:2016 级本科生朱佳杰的大学生创新实践项目入选国家级项目,该生也多次荣获上海交通大学校级奖学金并被评为上海交通大学优秀毕业生;2017 级本科生汪瑞琦入选交大"荣昶储才计划",并多次获国家奖学金;他于 2020 年入选加州大学洛杉矶分校 UCLA–CSST 项目,2021 年被耶鲁大学全奖录取;2018 级本科生温馨兰与 2019 级本科生黄钦文组队获得第七届全国大学生基础医学创新研究暨实验设计论坛总决赛金奖,前者被评为 2022 年上海市优秀毕业生并被加州大学旧金山分校以高额奖学金录取。在课堂教学中,徐天乐巨大的个人魅力和对科学精神引人入胜的诠释,总能让聆听者醍醐灌顶。他的一次"科学家讲前沿"的报告,深深吸引了赖轲同学(上海交通大学附属第六人民医院),从而成就了一个卓越的创新发现(赖轲等.Sci Trans Med 2020)。徐天乐指导的博

士生苏鑫裕在 *Neuron*、*J Neurosci* 发表两篇论文,被评为交大研究生学术之星、十大励志典型人物、辅导员标兵、优秀共产党员、优秀学生干部、三好学生,荣获长三角神经科学优秀研究生论文一等奖、上海交通大学优秀博士学位论文及上海市优秀毕业生等荣誉。徐天乐常说,"帮助学生成长发展就是我最大的快乐"。在他的言传身教下,学生们热爱科学、投身科学的行动已蔚然成风。迄今为止,徐天乐的学生中成为国家杰青、国家优青、青年千人、青年长江等独立课题组长(PI)的毕业生就有 17 人。

不变的初心,就是在教学中坚持创新

徐天乐认为,思考、积累和凝练是教师最重要的工作,课程和教材既要传承,更要创新、与时俱进。他潜心投入课程建设和教材编写工作,开设"神经科学前沿"、致远荣誉计划"神经生物学基础与进展"等研究生课程,组织编写适用教材。2021 年,应科学出版社邀请,徐天乐担任国家"十四五"规划本科生教材《生理学》副主编,由他主编的"十四五"普通高等教育研究生规划教材《现代神经生物学》也召开了启动会。凝聚徐天乐二十年潜心研究成果的首部新型离子通道专著 *Nonclassical Ion Channels in the Nervous System* 也于 2021 年在海外出版。

徐天乐积极探索创新人才培养新模式,组织实施上海市研究生教育创新计划项目"疾病神经生物学基础-临床交叉学科研究生拔尖创新人才培养平台",倡导学科打破单一导师的培养体制,设置"研究生学位共同指导委员会",对育人实行全过程管理;为提升人才科研原创能力,他积极探索"破五唯"评审机制,率先在解剖生理学系设立原创探索计划项目,引导和激励原创性突破;他主持研究生精品课程建设,大胆机制体制创新,提升师资层次,引入青年 PI 承担课程,邀请专业领域专家共同参与讲授,与临床成立交叉合作创新师资团队,调动学生的学习积极性和自主学习的主动性,实现"教研相长",极大提升了研究生创新思维和科研原创能力。

徐天乐也是学生创新思维的引路人。在组内开会时,他屡次强调课题选择要"新、准、狠";他对脑科学的理解和看问题的角度往往让学生豁然开朗,醍醐灌顶。他鼓励研究生自主设计课题,发挥聪明才智,不受条条框框的束缚,摆脱僵化思维,大胆展示自己的奇思妙想,并给予支持和肯定。他让学生们明白,只有创新才能从"中国制造"走向"中国创造",才能真正提高我国高精尖领域的技术水平,才能让世界看到中国的科技实力。

因材施教,育人就是成就每个人的获得感

徐天乐从来不要求组内的学生几点到实验室,但只要没有另外的工作安排,他都会每天早上七点钟多到实验室。高强度的工作安排经常让人忘记他已年近六旬。"工作自主,行为自律,学术自由"是他给 Xu lab 立下的"三自经",旨在鼓励大家按照自己的行动节奏充满热爱地钻研真正的科学问题。为了让不同学科的同学更加形象深入地了解离子通道与感知觉的相关知识,他把面向全校的诺贝尔生理学或医学讲解读的讲座幻灯片修改了十几版。不管是给研究生还是本科生授课,他都精心准备 PPT,并且总是提前到场,以带给学生最佳的学习体验。不论是对实验室学生进行指导,还是准备 RBL、大学生创新性实验的本科生同学的课题材料,他都以高标准、严要求为原则,逐字逐句仔细指导与修改,并给学生提出切实可行的建议,大到课题思路推敲、脉络梳理,小到 PPT 标点符号、参考文献格式引用,他都认真对待,从不泛泛而谈,敷衍了事。

对于学生的培养,徐天乐注重因材施教,精心为学生甚至组内工作人员制定个性化的训练计划,也会根据成员过去的科研经历和感兴趣的领域提供未来的课题大方向和培养计划,极大发挥了实验室成员的主观能动性。他总是说要尽量去热爱我们所做的事,把它变成自己想做的事,因为做自己想做的事才会全力以赴,而做别人让自己做的事大多只会尽力而为。他说"要让每一个学生和青年教师都找到适合自己的舞台,并熠熠生辉"。

在新冠疫情爆发期间,徐天乐坚持和学生们开线上组会,修改研究生论文、PPT,并邀请上本科生同学旁听,大家因此学习到了很多课堂上学不到的知识和经验;他询问并耐心倾听每位成员的近况和困难,分享自己参与社区志愿者、科

普讲座的亲历,鼓励大家充实起来、缓解焦虑、相互帮助、共渡难关。徐天乐以积极乐观、从容不迫态度,陪学生们一起度过了艰难焦灼的特殊时期。

责无旁贷,以科研育人承托国家需求和交大使命

徐天乐是学生们创新思维的引路人。他说,中国要成为世界科技中心,就要有培养一流创新人才的教育,要吸引世界上最强的科学头脑,要有吸引人才的创新文化,还要有促进人才发展的学术平台。为此,他立足国际脑科学与类脑智能发展前沿,以国家和上海市脑科学发展战略为指导,积极谋划和推动建立交大医学院"以疾病为导向的脑科学交叉集成平台";以点带面,引领"脑科学创新团队"开展基础与临床实质性合作,有效推动了我校规模化和有组织的脑科学研究。他运筹全局,助推交大脑科学多学科交叉联动,在国家脑计划大项目中占据重要一席。在他的带领下,解剖及生理学科进入 QS 世界学科百强,2022 年排名上升至全国第 2 位和世界第 64 位,成为青年教师和学生学术发展的沃土。

身兼数职,乐于担当,积极投身校内外各项学术服务,用自己的一分光一分热去成就每个人的获得感。他担任中国生理学会副理事长、中国神经科学会常务理事和上海市神经科学会理事长,在以"离子通道与神经信号转导研究"为特色的脑科学领域成就斐然。他还积极参与社会科普活动,如上海科协组织的"中学生物教师培训班"、交大本部举办的"诺奖解读"。2022 年疫情期间参加了中国神经科学学会的聚精"汇"神系列科普活动,并作专题讲座。徐天乐身边的每个人,不论是学生还是老师,都能从他的身上得到支持,受到鼓舞,汲取到力量。

朱一凡：玉壶冰心，春风化雨

【名师名片】

朱一凡，上海交通大学 2022 年"教书育人奖"一等奖获得者。上海交通大学外国语学院教授，现任全国翻译专业学位研究生教育指导委员会委员。主讲课程"英语读写 1－4"获国家首批线下一流课程。获得国家级教学成果奖二等奖、上海市教学成果奖一等奖、上海交通大学"凯原十佳"教师、上海交通大学优秀教师奖等荣誉。担任 *Journal of Specialised Translation*（SSCI）期刊编委、*Across Languages and Cultures*（SSCI）期刊学术委员，*Interventions*（SSCI）专栏客座主编，联合主编 Routledge 出版社 *Translation in Translation Studies* 系列丛书。

【名师名言】

■ 学生在课程中既得到专业的提升，也收获心灵的成长，对教师来说是最大的欣慰。

■ 育人的真谛是用真诚换取信任、用心灵点亮心灵。

■ 外语的学习，是为一生打底子，有助于学生成为博雅、融通、视野开阔、会思考、有修养、善表达、融通中外的优秀人才。

2022 年 9 月,朱一凡获得了上海交通大学"教书育人奖"一等奖。她自 2003 年 3 月开始在上海交通大学外国语学院英语系任教,2016 年转入翻译系。在十九年的教学生涯中,朱一凡先后讲授过英语系、翻译系十余门核心课程,指导过 40 余名本科生毕业论文、31 名硕士生和 1 名博士生。十九年来,她兢兢业业,刻苦钻研,一心扑在教学和育人上。

深耕教学,不断探索

近年来,朱一凡主讲英语系和翻译系本、硕、博多门专业课,其中包括"英语读写""翻译概论""当代译学研究""翻译研究方法",教学成效优异,评教屡获 A,也包括数次 A0,但她并不因此而感到满足,也从未停下过对教与学的思考。如何才能真正开展以"学生为中心"的教学? 如何进一步提升学生的获得感? 对这些问题的思考,让已经有了十余年教学经验的她,又开始了新的尝试之路:为课程设立学习小组、尝试翻转课堂、对课程内容和讲授方式进行全方位的重构、制作微课和慕课、摸索参与式教学的模式和方法。围绕英语专业主干核心课"英语读写(1-4)"的建设,她带领教学团队十年磨一剑,不计得失,只为给学生上好一门课。2020 年,"英语读写(1-4)"获批首批国家一流线下课程。为了让更多学生从中受益,她带领团队继续攻关,把读写课程中的核心知识点制作成慕课,并于 2021 年在中国大学 MOOC 上线了"英语读写进阶"课程,受到了广大学子的好评。

作为翻译系的教师,朱一凡经常思考翻译人才培养问题。她认为在人工智能时代,翻译专业的培养必须面对机器翻译给语言服务行业带来的结构性变化,这对未来的翻译人才所应该具有的素养提出了新的要求。译者除了需要具有传统的四大核心素养,即双语技能、翻译技能、相关知识和人文素养外,技术素养也将成为未来译者的核心竞争力。为了应对这种变化,未来的翻译人才培养目标需要逐渐从原先的专职翻译过渡到"翻译+语言工程师"的融合体。通过与行业的紧密对接,以及对标国际前沿的翻译人才培养项目,朱一凡提出了面向人工智能时代的翻译专业人才培养方案,并积极促成方案的落地,以培养适应未来技术发展的高端翻译人才。

甘当春雨，润物无声

朱一凡带领学生开展了多个翻译研究项目，她认为科研育人的关键不仅在于教会学生科研的方法和路径，更重要的是教会学生发现问题、解决问题，从而做顶天立地的研究。2021 年 5 月 31 日，中共中央政治局就加强我国国际传播能力建设进行第三十次集体学习，习近平总书记在主持学习时强调："讲好中国故事，传播好中国声音，展示真实、立体、全面的中国，是加强我国国际传播能力建设的重要任务。"①如何更好地向世界表述中国也是翻译研究者理应聚焦的时代问题。朱一凡积极引导学生就国际传播开展多方面的研究，她指导学生进行《山海经》中神兽形象在西方重构的多模态研究，相关论文获评 2022 年"上海交通大学优秀本科毕业论文"。面对中国企业国际化的迫切需求，她指导学生对华为手机的英文用户手册与苹果手机的用户手册进行了全面比对，并完成了详细的反馈报告，为民族品牌更好地走出国门贡献一份力量，该报告荣获 2018 年华为翻译论文大赛三等奖。她指导的硕士生助力中国电影走向世界，翻译的电影短片《月光旅人》入围第 74 届威尼斯电影节"聚焦中国·青年电影人培养计划"最佳影片奖。近年来，她指导并带领学生完成 100 万字的笔译，先后出版了《纸上的舞者》《弗里达·卡罗：用苦难浇灌的墨西哥玫瑰》《艺术在路上》等多部译著，反响良好。

朱一凡始终相信没有高水平的科研就无法拥有高质量的教学。她担任第四届全国翻译专业学位研究生教育指导委员会委员，积极推动翻译人才培养的改革，并将研究前沿引入教学。近年来，她主持国家社科项目 2 项，教育部项目 1 项，参加国家社科重大项目 3 项。在国内外高水平期刊发表论文多篇，出版专著 3 部，合作专著 1 部，编著多部。担任国际 SSCI 翻译期刊编委和学术委员、教育部学科评估通讯评审专家、国家社科和教育部社科评审专家、多个国内外高水平期刊的审稿专家。

① 《习近平智慧讲述"中国故事" 让世界读懂中国》，央广网，2015 年 12 月 23 日。

用心育人，不计得失

2020年3月以来，朱一凡担任外国语学院党委副书记，分管全院同学的思政、党建团建、安全稳定和就业引导工作。这项工作对一直是专业教师的她提出了新的挑战。朱一凡潜心钻研学工业务，试图利用自己专业教师的优势为学工工作带来新的突破。作为外院翻译硕士的联系老师，朱一凡保质保量完成与每一位同学的谈心谈话工作。随着对学工工作认识的不断加深，她逐渐意识到专业教师在课堂上对学生的了解多是局限和片面的，这对她育人工作的开展也产生了新的启发。她认为专业教师需要与学工紧密联系，以便更全面地了解学生、更深入地开展育人工作。因此，朱一凡积极搭建专业教师参与学生工作的多个平台，其中包括积极推动大学生创新创业实践活动、制订相应的激励措施，创立新的实习实践基地，以及推出了学院的师生党支部共建方案，以便更好地推动教师参与到全面育人工作中去。

随着《高等学校课程思政建设指导纲要》的发布，如何更有效地把思政工作融入课程中成了专业教学价值引领的核心内容。既是专业教师又是学工副书记的她认识到这项工作的重要性。2020年11月，由朱一凡发起，外国语学院联合教务处、教学发展中心、学指委和宣传部共同成立了"外语课程思政中心"，中心第一时间制定了《上海交通大学外语思政工作纲要》，在外语课程思政实践方面做出了具有引领性的工作，不仅进一步推动了学院和学校的三全育人工作，对全国大学外语教学工作也发挥了重要的示范作用。中心于2021年6月主导召开了首届"国家意识与外语课程思政建设研讨会"，深入探索思政与教学的融合模式，产生了较大的影响力。

2022年3月9日清晨，朱一凡正准备出门上班，忽然收到因疫情封校的通知。她平静地收拾好准备进校的东西，在得到学校进校通知后，第一时间逆行进校。封校期间，她带领外院的学工队伍，摸排学生状况，安抚隔离和接受治疗的同学，应对各种突发事件。疫情防控最紧张的时期，她每天只睡三四个小时，始终坚守在抗疫第一线。为了让学生们能及时吃到一日三餐，她主动承担起给学生送餐的任务,每日把热腾腾的饭菜及时送到宿舍楼栋。一天,当她穿着大白去给西14栋的同学们送餐时,恰逢同学们排队下楼做核酸,朱一凡一边走一边喊:"同学们,加油!"同学们也都纷纷向大白行注目礼。在校期间,朱一凡也很想念家中不满八岁的幼子,当孩子追问她何时回家时,她心中很是愧疚,但想到有六百余名学生需要她照看,她还是毅然选择留在学校继续开展工作。因为她相信这份坚守是身为人师的良心和责任。

四度春风化绸缪,几番秋雨洗鸿沟。朱一凡是数千名默默无闻的交大教师的一个缩影,她用自己的专业知识、探索和奉献精神诠释着师者之心。

Horst Hohberger：点燃学生心中梦想的"火神"

【名师名片】

　　Horst Hohberger(中文名：火色特)，上海交通大学 2022 年"教书育人奖"一等奖获得者。上海交通大学密西根学院副教授，现任学院学风与学术道德委员会主席、国际项目导师。2006 年博士毕业于德国波茨坦大学数学物理专业，2007 年加入密西根学院，从事工科数学教学。曾获2020 年教书育人奖二等奖(集体)、唐立新教学名师奖、最受学生欢迎教师奖、卓越教学奖等多项荣誉，所教授课程"工程概率方法"入选上海市一流本科课程、"线性代数和微分方程"入选上海市重点课程；"应用数学方法"等列为上海高校外国留学生英语授课示范性课程。

【名师名言】

　　■ 学习的目的是为了获得知识和扩展视野。要做到这一点，就必须学会质疑曾已确定的东西。怀疑是领悟和进步的基础。

　　■ 在多元化的世界里，每种文化都是独一无二，各具特色的。课堂上，我试图传达对数学、科学和工程问题的多元文化态度。

　　■ 我是经典讲座的拥护者。科技和积极心态可以把课堂转变为以学生为中心，以学习为导向的大舞台。

　　1990年，一名15岁的德国青年第一次来到上海做交换生，不同的文化碰撞带给他全新的体验和收获，也让他爱上了这座日新月异的国际化都市。2007年，从波茨坦大学博士毕业的他选择加入初创的交大密西根学院，他从此在这里扎根坚守，点燃了一批批交大学子求知的圣火。他是学生心目中的"火神"，也是爱生如子的"火叔叔"——Horst Hohberger。

强数学之基，做国际工程教育的传道者

　　15年来，Horst"数学分析""工程概率方法""离散数学"等课程，累计开设100余次；平均每学年教授学生人数700余人，累计超1万人次。他注重推动课程教学的改革，致力于让每个同学都有最大的课堂教育增值。教学过程中，他时常在思考一个问题："我的课是以教为主还是以学为主？我是一位与学生有距离的'讲坛上的圣人'吗？我该如何改进我自己和我上的课？"为此，他不断推进课程教学改革，通过录制慕课视频、使用新媒体、开展翻转课堂等方式，在学生反应系统、主动学习技术等方面不断探索，打破了传统课堂的沉闷，提升了教学效果。他不断营造融入式课堂氛围，走入学生中间，通过多种课堂互动让每位同学保持清醒和专注的状态。他注重培养求真精神，提醒同学们要"Question Everything"（敢于质疑），启迪学生深入思考，感受数学简约之美及其对于工程学科的支撑，不断点燃学生对于数学和工程的热爱。这种质疑精神也是他自己的座右铭，"千万不要不经思索就相信你所听到的或读到的是所谓的'最佳'教学办法，你得凭借直觉，找出最适合你和学生们的教学方式。"

　　多年来，他所教授的课程"工程概率方法"入选上海市一流本科课程，"线性代数和微分方程"入选上海市重点课程，"应用数学方法"等入选上海高校外国留学生英语授课示范性课程。此外，他还担任美国大学生数学建模竞赛教练，对参赛同学进行系统集训，累计指导百余支参赛队伍。密院学子在Horst老师的指导下，获得特等奖、特等奖提名等多项荣誉。

　　Horst是一位发自内心热爱学生、热爱教学的老师，超90%的密院学子都是他的学生，他也见证了学院的快速发展，多次获得"最受欢迎教师""唐立新教学

名师"等荣誉称号。如今,他的学生中已经有 30 多位学生在世界顶尖大学担任教职。

引风气之先,做学术诚信教育的领航员

诚信教育是密西根学院办学的核心关切,Horst 担任学院学风与学术道德委员会主席,用德国人严谨和负责的态度,推动了学院学术诚信体系的建设,形成了学院独树一帜的优良学风。2008 年,在 Horst 的发起和推动下,学院成立了教师层面的学风与学术道德委员会和学生层面的诚信委员会,形成了"双轮驱动"的诚信教育体系;制定了学院《诚信守则》(*Honor Code*),从制度上对学术诚信进行规范。《诚信守则》不断巩固密院对学术诚信至高的坚守,它不仅是一种严肃的要求,更是潜移默化、深入人心的观念,同时也凝练成密院学子普遍认同并矢志践行的诚信文化。

在 Horst 看来,教师不仅要给学生以慈母般的关爱,也要给学生以严父般的教导。15 年来,Horst 一直严谨负责地处理每一起学生的诚信案例。同时,作为教学发展中心委员会成员,他负责助教培训工作,为营造良好的朋辈引领氛围贡献力量。他认为,只有培育学生摆脱依赖、独立思考的精神,树立人生的方向标,他们才能在今后的学术道路和人生发展上行稳致远。

担开拓之任,做国际合作项目的全球通

不忘初心,方得始终。Horst 始终致力于推动国际化建设,通过拓展国际项目通道,推动跨文化交流,让更多的学生走向世界。自 2014 年起,Horst 担任学院国际项目导师,肩负起拓展欧美大学交换生项目和学位项目的任务。他先后开拓了包括慕尼黑工业大学、卡尔斯鲁厄理工学院、代尔夫特理工学院、麦吉尔大学等在内的二十余项交流交换项目和海外游学项目。在他的努力下,学院于 2017 年推出"全球学位通"计划,纵向加深了和美国密西根大学的战略合作,横向与多所欧美知名高校建立全新维度的合作,确定了学院国际化办学的崭新格

局。该计划以培养国际化、领袖型、创新性的高水平学术人才为目标,为学生提供更为直接的本硕连读机会。如今,密西根学院学子本科阶段出国深造的比率达到85%以上,数千名同学受益于多元的国际合作项目,既满足了跨学科学习需求,丰富了海外交流学习的经验,又拓展了国际视野,培养了跨文化合作能力。Horst 也因此获得学校 2020 年教书育人奖集体奖(学院改革类)二等奖。

Horst 扎根中国、扎根交大,为国际化办学贡献了自己的青春,见证了学校日益增长的国际地位和不断提升的学术氛围。他将"知华友华"理念内化于心、外化于行,在每一次的国际合作交流中亲身讲述"饮水思源,爱国荣校"的动人故事。他还积极参与学院国际留学生人才培养工作,致力于培养更多懂中国、懂世界的优秀国际人才与中外友谊使者。

十五载扎根奋斗作育英才,三万里奔走开拓不忘初心。Horst 是上海交大国际化办学的先锋旗手,是教书育人的中流砥柱,是立德树人的师表楷模。他与学生教学相长、相互成就,用德国人的严谨和细致,以及交大人的务实和拼搏,坚持潜心治学、严守学术诚信、促进国际沟通,生动诠释着"中国心,交大情",将青春热血挥洒在中国大地,将教书育人书写在交大热土中。

冷春涛：深耕实践育人热土，赋能创新人才培养

【名师名片】

冷春涛，上海交通大学2022年"教书育人奖"一等奖获得者。上海交通大学工学博士，日本早稻田大学访问学者，首批中国高校创新创业教育研究中心专家，上海交通大学学生创新中心副研究员，上海市一流本科课程"工程实践"负责人，曾获2020年度上海交通大学"唐立新教学名师奖"，国家级教学成果奖二等奖、上海市教学成果奖特等奖、校教学成果奖特等奖，吴文俊人工智能科学技术进步奖一等奖、上海市科学技术奖二等奖等，指导学生科创竞赛获得RoboMaster（机甲大师赛）、RoboCup（机器人世界杯）、VEX（机器人大赛）等各类赛事30余项全国冠军/世界冠军。

【名师名言】

■ 每个学生都有无限可能、无限潜能，关键看老师如何引导。

■ 实践育人，是促进学生发展和高质量创新人才培养的重要途径。

■ 科创竞赛是唤醒求知欲、激发创新潜力，培养跨界思维和解决复杂问题能力的重要方法。

■ 老师的创新意识是培养学生创新能力的前提，引导、激发学生创新的主动作为，对于培养学生创新能力起关键作用。

党的十八大以来,党中央高度重视实践育人工作,强调实践育人是新时代教育和教学工作中的重要载体,是全力推动新时代育人工作迈上新台阶的强大动力。冷春涛秉承教书育人、立德树人的强烈责任感和使命感,长期深耕实践教学、指导学生科创实践,积极探索实践育人模式,大力推进工程实践课程建设和教学研究。他是科创竞赛的金牌教练,是工程实践与科创指导的杰出代表,是引导学生从被动实践向主动创新转型的重要贡献者,是我校工程实践教育的改革先锋。

探索实践育人新模式,赋能工程教育发展

作为学生创新中心实践类课程建设负责人,冷春涛针对原有单一型工程训练课程体系无法满足当前学生综合实践能力和创新能力培养的问题,组建了实践课程教研组,以学生为中心对工程训练课程体系进行升级改造,构建了多层次、递进式、跨界交叉的实践育人模式:教学方式上,将传授型教学(被动)转变为探索型教学(主动);教学内容上,将传统单一的金工、电工实习转变为注重厚度、广度的跨学科交叉实践;教学师资上,联合学院、企业,通过学院协作机制、企业导师机制,多方协同授课。

在探索实践育人模式的过程中,冷春涛充分发挥全校基础实践平台的作用,积极与院系沟通,坚定“人人皆可成才、人人尽展其才”的教学理念,根据学生特点实施分层分类教学;与国内外行业巨头公司共建校外基地和企业导师专家库,创造学生与企业工程师面对面交流探讨、校外实践的机会,设计符合各专业特点的工程实践教学方案。这一系列举措有力提升了我校学生对实践教学内容、实习场地及设备的满意度评价(82%),指标领先全国高校。他通过全国高校工训交流主旨报告,积极推广我校实践育人成果和工程训练新范式,起到了示范引领作用。

打造综合性创新实践平台,提高学生学习效果

“工程实践”课程是面向全校工科平台的基础实践课,是高校人才培养过程中的重要实践教学环节,也是我校面向工科平台的必修实习/实践课程,每学年

服务超2 000名学生,具有学生数量大、覆盖面广、实践工种多、课时长、理论与实践相结合的特点。冷春涛作为该课程负责人,带领课程团队,持续推进教改,打破原来各教学模块独立授课、独立考核的教学设计思路,创设真实问题情景,以综合实践培养学生解决复杂系统问题的综合能力和高阶思维,实现了由单一技能训练向综合性创新实践的转变。

同时,在强化基础实践技能教学的基础上,冷春涛注重课程思政建设,重视价值引领,挖掘思政元素并在实践教学中发挥思政教育功能,着重将工匠精神、劳动意识融入课程,以真实现代的实训环境、浓厚的工程文化氛围,为学生创造培养工程素质的良好条件,打造开展课程思政教育的天然好课堂、好基地。为满足疫情期间教学的特殊需求,积极响应停课不停教、不停学,他牵头建立5个线上课程模块教研组,探索实践课程线上教学实施方案,通过统一备课,完成线上课程开发,将课程器材、工具快递给学生,基于大班技能授课、小班实践指导的教学方式,实现了实践课首次线上开展,得到了学生的广泛好评。

为保证学生学习效果,冷春涛组建课程组、督导组、保障组,带领教学团队通过课下谈心、中期座谈、课程调研、教师调查、学生评教等方式,从多个方面收集信息,了解学生对课程学习效果的反馈、实践能力和学习成果的输出等情况。每学年开展课程教研会20多次、完成问卷调查近2 000份,为课程设定30多位班主任听取学生课程中出现的问题并帮助解决,课程中召开师生座谈会60余次。近三年,"工程实践"课程评教分从3.2提升到5.1,学生满意度大幅提升。课程项目参加中国大学生工程实践与创新能力大赛获金奖2项,300余个课程项目申报参加第七届中国国际"互联网+"大学生创新创业大赛上海赛区比赛。

经过多年积累,"工程实践"课程成功获评2020年上海高校市级重点课程,在我校课程思政专项基金项目建设中获评优秀,2021年该课程作为我校唯一的实践类课程,被认定为上海市一流本科课程,实践教学满意度领先全国高校。

建立课赛创育人体系,唤醒学生主动创新

为进一步激发学生主动创新,冷春涛探索形成了课程-校内赛-全国赛的联

动链条,建立起课赛创育人新模式。通过课赛结合、以赛促学、以赛促创,将学生自我发展的内在需求转化为创新能力提升的主动作为;通过问题驱动、兴趣导向、赛事激励,打造和建成了"问题驱动、跨界交叉"的科创"网红地"。

在交大读研时,冷春涛就积极参与各类科创赛事,他因此深知科创赛事对于唤醒学生主动创新、培养学生综合实践能力的重要意义。留校任教以来,他一直致力于学生科创赛事指导,积极将自己在全方位移动机器人领域的科研成果转化成科创实践平台,组建了 RoboMaster、RoboCup、VEX 等 3 支机器人赛队,为来自不同学院的同学搭建了相互交流协作、交叉创新的平台。他引导学生积极参与科创竞赛,聚焦科创竞赛问题,指导学生应对更多挑战,持续优化课赛创育人路径,实现了第一课堂、第二课堂的有机衔接,促进学生全方位成长。

以 RoboMaster 交龙战队为例,从 2016 年建立至今,赛队规模已从初期的 8 名队员发展到现在的 100 多人。赛队与全球 400 余所高校竞技,实现了从 2017 年的 16 强,2018 年的 8 强,2019 年的亚军,到 2021 年的冠军的突破。冷春涛不断优化赛队管理机制、激发队员创新潜能、充分关注队员的个体差异,为每个队员设计清晰的科创成长路径,队员从大一入队到大四离队,在加强实践技能训练的同时,充分锻炼团队协作、团队管理和解决复杂问题的能力,从厚度和广度两方面提升跨学科交叉实践能力和系统性思维能力,从而实现能力的全方位提升。同时,科创竞赛也提高了队员学习学科知识的积极性,成为学院创新人才培养的重要补充。

建队以来,累计 600 余名来自不同学院的同学参与到冷春涛指导的机器人赛队中,先后斩获 RoboCup 机器人世界杯全球总冠军、VEX 机器人世锦赛全球总冠军、全国大学生机器人大赛 RoboMaster 总决赛冠军等各类赛事的最高荣誉,共获冠军 30 余项。从赛队中成长起来的很多队员成为全校学生的榜样,如RoboCup 小型组赛队队长张钦圣,成为"2018 年上海交通大学学生年度人物";VEX 赛队队长潘崇聘成为"2019 年上海交通大学学生年度人物(提名)";RoboMaster 赛队受央视邀请录制"开学第一课",为全国中小学生科普机器人竞赛;交龙战队多次登上中国青年报,并获评"十四五"期间首批上海市学生科技创新社团。多年赛创育人经验,吸引了浙江大学、新加坡国立大学等十多所国内外高校前来学习交流。

投身青少年科创教育,助推未来科技创新

在潜心深耕大学生科创实践教育的同时,冷春涛积极探索大学与中小学协同教育模式,深入思考和研究大学教育资源的转化和青少年科创课程的开发,不断迭代更新适合青少年的科创内容。他积极组织青少年科普活动,建设青少年科普基地,组织教师团队设计适合青少年的课程,搭建实验和课题研究的平台,向青少年传播科学知识、科学方法,将科创教育辐射到青少年,让更多青少年理解工科、喜欢工科,增强对工科的兴趣,提升青少年的实践能力与创新意识,助力一批又一批朝气蓬勃的青少年学生走上创新之路,筑梦未来。

冷春涛牵头建立了首批上海市学生(青少年)科创教育基地,并承担上海市青少年科技创新实践工作站、青少年科学研究院基地建设工作。三年来积极策划组织学森挑战计划创新挑战营、中国科协组织的青少年高校科学营、学校工会组织的交小苗活动、交大附中闵行分校的劳技课,面向全国中小学生的 VEX 机器人全国赛等各类活动 20 余项,每年服务青少年超 1.5 万人时,有效促进了科创教育资源的辐射示范,助推未来科技创新发展。

"教书育人奖"个人奖

二等奖

杨晨俊：三尺讲台，育人不倦；不忘初心，守正创新

【名师名片】

杨晨俊，上海交通大学 2022 年"教书育人奖"二等奖获得者。曾获申银万国优秀教师奖、上海交大"三育人"先进个人以及教育部资助优秀青年教师基金等荣誉。主讲国家精品课程"船舶原理"中的"船舶推进"部分，以船海重大装备研发和学术前沿为背景，培养学生的专业志趣和家国情怀，该课程获评船建学院课程思政领航示范课程。秉持"坚实基础是创新前提"，潜心课程建设与教学改革实践，修订经典教材《船舶原理》船舶推进篇，该教材获 2021 年首届全国教材建设奖全国优秀教材二等奖。主持建设的大型空泡水筒为船海学科人才培养和科技创新发挥了重要作用。

【名师名言】

- 恪守母校传统，扎根交大教书育人，不忘初心。
- 坚持守正创新，奉献学科培养人才，践行使命。

自 1991 年底留校任教,船舶海洋与建筑工程学院教授杨晨俊已在教学与科研一线默默耕耘三十余载。他热爱教育事业,倾心教书育人,不仅以深厚的科研积累,给予学子们高水准的专业教育,并积极投身于精品课程建设、教材建设及学科基地建设,为船舶与海洋工程专业创新人才培养和学科发展作出重要贡献。2021 年,他参与修订的经典教材《船舶原理》第 2 版荣获首届全国教材建设奖全国优秀教材二等奖。

恪守母校传统,扎根交大教书育人,不忘初心

杨晨俊 20 世纪 80 年代初求学于上海交通大学。作为土生土长的交大人,他将母校重基础、重实践的工科教育传统内化于思想与行动之中。三十年来,杨晨俊一直主讲重要的本科生专业基础课"船舶推进",该课程是船舶流体动力性能领域的一个重要分支,历史悠久、基础厚重且历久弥新。他在课堂上,不仅传授给学生扎实的知识、最前沿的科技成果,还传递了扎根于心的爱国情、报国志。

他秉持"坚实的基础是创新的前提"教学理念,特别注重从物理现象、抽象问题到解决方法的全过程分析,在授课过程中,引导学生关注国内外研究前沿课题,了解国家重大船海工程装备研发需求,建立学生专业基础知识学习的导向性方案,结合课程教学,着重培养学生分析问题和解决问题的能力。在他的努力下,"船舶推进"被评为船舶海洋与建筑工程学院课程思政领航示范课程。

在理论教学之外,杨晨俊坚持安排实践环节,通过模型实验、课程设计、编程练习、文献阅读与讲解,让学生通过动手、动脑,培养分析问题、解决问题的能力。他的教学工作,深受学生欢迎与好评。

杨晨俊深知,课程是高等学校教学建设的基础,课程建设是教学基本建设的重要内容之一,而"船舶推进"是一门历久弥新的课程,其知识与内容亟须与时俱进,杨晨俊为此倾注了大量心血。2006 年,"船舶推进"与其他三门课程组建成"船舶原理"课程,其中杨晨俊主要负责"船舶推进"部分的建设工作,该课程在 2007 年荣获"国家精品课程"称号。此外,他和同事还积极开展"船舶推进"课程的中英双语教学及全英文教学工作,经"985"三期建设,"船舶原理"课程被

学校认定为全英语教学课程。此外,他还负责建立了"船舶原理实验"课程,在教学中以船海工程国家重大装备研发和国际学术前沿为背景,培养学生的专业兴趣和家国情怀。

在与课程配套的教材建设方面,上海交通大学的《船舶原理》教材于2003年初版,由盛振邦、刘应中两位先生主编、船舶性能各方向顶尖教授撰写,是国内第一本同类教材,于2005年获得上海交通大学优秀教材特等奖,已被印刷十余次,深受好评,被国内相关专业广泛使用。2017年,船建学院组织首次修订该经典教材以满足新时代人才培养的需要,杨晨俊教授、李巍副教授负责修订船舶推进篇,共12章约40万字。该次修订更新、增补了大量内容,包括引入我校大型空泡水筒介绍、ITTC-1978规程最新版本以及中国船级社桨叶强度校核方法最新版本等内容。2021年,《船舶原理》教材第2版荣获教育部首届教材建设二等奖。

坚持守正创新,奉献学科培养人才,践行使命

与交大结缘以来,杨晨俊对船舶与海洋工程学科感情深厚,他积极投身于学科基地的建设工作。2000—2020年,杨晨俊一直担任我校空泡水筒实验室主任。空泡水筒是开展船舶推进器模型水动力和噪声等实验研究的专业设施,多年来为船舶推进方向的本科生及研究生培养作出了重要贡献,空泡水筒实验室更是亲历了交大船海学科的成长与壮大。作为实验室主任,他深知责任重大,使命光荣。2010年,杨晨俊以钱学森图书馆建设为契机,推动空泡水筒实验室迁建至闵行校区,并主持建设了上海交通大学大型空泡水筒。该设施是海洋工程国家重点实验室的重要设施之一,建成后为船舶与海洋工程学科的创新研究和教学工作作出了重要贡献。

长期以来,杨晨俊主要在水面舰船及水下航行器新型及特种推进器方面承担了科工局、科技部、海军部委及中船集团总体设计单位发布或委托的大量研发项目,内容涵盖数值预报方法、设计方法、方案设计及试验研究,通过这些科研活动,学科声誉得到了显著提高。

在船舶推进方向的人才培养上,杨晨俊同样秉承了交大人求真务实的传统。每当学生遇到问题时,他在耐心解答的同时,始终坚持严格要求,尤其注重对培养学生的创新研究能力。论文选题方面,他更多从对学生能力的锻炼和应用前景考虑;在对学生的指导上,他注重启发性讨论、传授自身经验与解决具体问题并举。

专业讨论之余,杨晨俊时常给学生介绍王公衡、何友声、盛振邦等前辈主持建成船模拖曳水池、空泡水筒等国内领先的试验设施的艰辛历程以及自 1978 年加入船舶工程界权威的国际学术组织 ITTC 以来,众多科研人员为国争光的动人故事等,激励学子们在潜移默化中树立为我国造船事业奋斗一生的远大理想。在他的培养和影响下,一批又一批优秀学子投身国家重点行业单位以及高等院校,继续从事船舶水动力学设计与研究工作,在工作岗位上发挥着重要作用。

三十年光阴似箭,初心依旧。回顾过往,展望未来,杨晨俊仍坚守使命,矢志不渝,继续以严谨求实的治学态度,为教书育人的崇高事业努力奉献。

陈璐：以学生为本的老师，为教学吐丝的春蚕

【名师名片】

陈璐，上海交通大学 2022 年"教书育人奖"二等奖获得者。上海交通大学机械与动力工程学院副教授，工业工程与管理系副主任。上海交通大学与法国南特大学双博士学位。研究方向是制造/物流系统运作优化，研究成果成功应用于中型火箭钣金车间智能管控、C919 大飞机总装移动生产线优化，以及超大规模集装箱码头运作等。曾获国家级教学成果奖、上海交通大学校长教学奖、上海交通大学优秀教师、"最受学生欢迎教师"奖、"最佳导师"奖等奖项。

【名师名言】

■ 每个学生都是不一样的，因材施教、个性化教学才是真正对他们负责。

■ 我们的专业可以优化，但是人生无法优化，要踏踏实实走好当下的每一步。

■ 作为老师，我们要允许和包容学生犯错或失败，要鼓励他们勇于表达、乐观豁达。

在 2022 年教师节到来之际，陈璐获得了上海交通大学"教书育人奖"二等奖。对于那些曾经上过陈璐老师课的同学们来说，这份荣誉实至名归。

习近平总书记曾说过："做老师就要执着于教书育人，有热爱教育的定力、淡泊名利的坚守。"①国家级教学成果二等奖、上海交通大学教学成果奖、上海交通大学优异学士论文指导教师奖、上海交通大学校长教学奖、上海交通大学优秀教师奖，上海交通大学机械与动力工程学院"最佳导师奖"……这大大小小的荣誉，无不体现着陈璐在教书育人岗位上多年来的默默坚守和执着追求。但对于她而言，最大的肯定不是这些奖项，而是学生求得学问后脸上的那一抹满足的微笑。

陈璐认为，学生是老师生命的延伸。只有对教书育人事业倾尽全部心血，才能培养出对国家、对社会有所贡献的工业工程人才，才算得上一名合格的人民教师。

上下求索，奉献三尺讲台是她的执着

对于工业工程的学生们来说，教书二十余载的陈璐就是模范老师的代名词。丰富老道的教学经验，不断创新的教学理念，让陈璐的课堂教学总是充满了独属于工业工程的专业魅力。这点在陈璐的"物流与供应链"这门课中尤其能够得到体现。航空航天、交通运输、码头运作……在不同领域研究的实例引导下，同学们总是能够充满兴趣地去听讲、去学习。小组讨论、课程实验、课外阅读等教学形式又能够充分调动同学们自主学习的积极性，并且能够让他们把眼光放在课堂之外，拥有更为广阔的专业视野。

"物流与供应链"课程于 2021 年入选上海市重点课程"线上线下混合式课程"建设。借此契机，陈璐将学生自主学习、课堂授课、课后反馈等多个环节有机结合，还利用学生的学习时长、作业提交及时性、讨论参与程度等在线学习数据，开展有针对性的、个性化教学，有效开拓了线上线下混合式教学的新思路。

---

① 《好老师什么样？习近平总书记这样说》，人民网，2020 年 9 月 9 日。

陈璐认为,个性化教学才是未来教学的方向。2022年在校园抗击疫情背景下,陈璐运用疫情防控的"鲜活教材",深挖抗疫中的思政元素,其教学案例"物流与供应链知识与校园超市大采购的碰撞"入选上海交通大学线上课程育人典型案例汇编。这种与时俱进的教学方式激发了学生的学习热情,同学们纷纷在讨论区留言,为校园抗击疫情出谋划策,他们也因此真正感受到了物流与供应链知识的独特魅力。

这门课程的成功与陈璐一丝不苟的敬业精神密切相关。她对于自己的教案准备有着非常高的要求——知识体系要严谨缜密,教学案例要深入浅出。为此,她在每年开课前都会对教案进行新一轮的修改,对教案的每一个字都了然于心。课堂上,陈璐充满热情的上课风格能极大调动学生听课的积极性。她还倡导学生积极参与老师们的科研活动,和老师一起在研究中学习,在学习中研究。陈璐坚信只有这样才能培养出满足新时代需求的工业工程专业人才。在这种精神的加持下,陈璐在课堂之外也不曾松懈,她总是热心地回答学生们课后的每一个问题,认真批改每一位学生的课后作业。有些同学比较腼腆,不善于课堂发言,陈璐就在课程平台里设置讨论区,在那里,同学们可以畅所欲言,相互交流和学习。

为了照顾到每一位同学的学习需求,陈璐常常牺牲自己的吃饭和休息时间。她的学生们经常注意到午饭时间已经过去许久,她依然在和学生交流讨论,而面对学生们关切的询问,她往往一笑置之。同学们都说,陈璐老师热爱教育、兢兢业业,这体现在她对待教学工作的每一个细节中。

因材施教,挖掘学生潜质是她的追求

陈璐一直强调:"传授知识不应禁锢于书本,教学不应局限在教室;学生求学不应执着于分数,学习不应拘泥于理论。"因此,她十分重视对学生专长和潜质的挖掘与实践能力的培养。

"物流与供应链"是一门工程与管理相结合的学科,现有教材在工程应用性方面较弱,且普遍缺乏能够在学生中产生共鸣的中国本土精彩案例。陈璐结合自身多年的教学经验,主导编撰《物流与供应链管理》教材。虽然新版教材尚未出版,但是陈璐已经在教学中增加了新教材中"设施规划及设施选址""运输管理及运输规划方法""物流系统典型数学规划模型"等工程应用型教学内容,提高了工科学生对相关知识的工程应用能力,凸显了课程内容的前沿性和学科交叉的特色。

现代社会对工业工程人才在思辨能力、创新精神、交流表达等方面有着更高的要求。然而学生学习时往往关注考试成绩的高低,陈璐经常对学生说,题目算错容易改,思维方法错误就要花大力气去纠正,所以一定要结合供应链背景建立系统性的思维方法,这样才能掌握了这门课的精髓。她一直坚持因材施教理念,留意观察分析学生的个人特点和学习风格,并在教学过程中加强实验、实践教学。针对学习积极性高、主动性强的学生,陈璐就鼓励他们对课程实践项目进行拓展,并参与各类学科竞赛,锻炼他们的创新思维能力和专业能力。针对想法丰富但难以落实的学生,陈璐会利用课余时间为他们提供帮助,培养他们工程应用的能力。她一直用实际行动践行不忽视、公平真诚地对待每一名学生。学生在工程应用方面也取得了可喜的成绩,多次在清华 IE 亮剑全国工业工程应用案例大赛、中国大学生机械工程创新创意大赛-工业工程与精益管理创新大赛等各类大赛中获奖。

产教融合,产业助力教育是她的坚守

上海交通大学机械与动力工程学院每年都源源不断地为社会输送优秀的工程人才。但根据就业反馈调查,"人才供需不匹配"的现象仍然存在,产教融合也不够紧密。我们的实践教学更多地局限在实验室里,课程多为验证性课程、参观式实习等,学生接触的"真问题"较少。

自 2017 年以来,学院就开始推行校企合作毕业设计模式,以"真问题"培养学生的创造力和执行力。在此后的 6 年时间里,陈璐一直担任该门课程的负责人。6 年间,她带领任课教师团队,认真把握校企合作毕业设计项目改革中的每一个细节。在毕业设计项目征询及遴选上,她组织专业评审老师严格把控,进行多轮次的项目遴选,保证立项项目从内容、难度、学科交叉性等方面符合本科生毕业设计的要求。在教学模式设计上，她继续优化和灵活设计教学内容，贯彻理论与实践相结合的教学理念，讲授《工程设计》专业知识的同时，邀请企业专家、海外教授、专利律师等业界人士进行授课，培养学生的工程理念和国际视野，做到学以致用，教学相长。每年春季学期毕业设计即将结束时，陈璐都会带领团队组织举办"毕业设计项目成果展"，邀请企业专家参观指导，并为参展项目进行评价选优，营造学生、教师、企业专家之间现场互动、互学的活跃氛围，构建开放的学习环境，激发学生的创新积极性。在 2020 年疫情期间，她借鉴国外一流高校在线项目展示经验，设计策划了校企合作毕业设计网站，展示和推广毕业设计项目成果。经过三年的建设，该网站已经成为校企双方沟通、交流和相互学习的桥梁，促进了产教深度融合，真正实现企业、学校、老师、学生多赢的局面。

在多年实践教学中，陈璐发现大学生思维活跃、开放，更容易接受新思想、新事物，产生独特的想法和见解，但是一些学生进行了简单的尝试后，由于缺乏足够的创新、毅力和信心，在遇到困难时易临场退缩，不能很好地将创新活动完成。因此，陈璐在考核评价环节不以完成企业预期目标为单一目标，而是允许和包容学生在实践活动中出现错误和失败。同时，她还经常鼓励学生勇于表达自己的新思想和新方法，让学生以正确的心态面对失败和挑战。

陈璐在工程实践教育中积累的教学经验，以及在工程实践类课程教学中的积极探索，为本科教学中多样化人才培养体系完善，工科实践教学新模式建设等起到重要推动作用。工程教育改革，陈璐老师一直在路上。

王彤：传递温情，关心关爱，以激情点亮学生成长之路

【名师名片】

　　王彤，上海交通大学 2022 年"教书育人奖"二等奖获得者。上海交通大学机械与动力工程学院副教授，从事流体机械及工程专业的研究与行业实践。现任中国工程热物理学会流体机械分会委员、中国机械工程学会流体工程分会理事、中国通用机械协会风机分会理事等。20 余年来，她以课堂专业教学、专业实践、科学研究和教学公益服务等方式培养了一批优秀的专业技术人才，创造了多项科技成果。

【名师名言】

　　■ 学生在大学接受的专业教育将伴随其一生的职业生涯。作为大学专业教师，无论是为了人才培养还是专业发展，都应尽力激发学生兴趣，促进其成长成才。

　　■ 每个学生都很有朝气，和自己家里的孩子是一样的，带着激情去教学，关爱学生，耐心引导和传播知识，这些孩子怎能不成才？

　　■ 我以学生取得的每一个成就而骄傲。

　　■ 望子成龙是家长的心愿，引导学生成才是教师的神圣使命，是教师对社会发展的贡献。

　　"认真负责,是好老师。"这是教学班里大部分学生对王彤的评价,也是对其"幼吾幼以及人之幼"教学态度的肯定。以身作则,激情教学,王彤在 20 余年教学生涯中,始终践行立德树人、教书育人的初心与使命。

激情细致教学,引导学生积极向学

　　教学工作总是在细微之处见真章。王彤是学院全英文课程"工程流体力学"的负责人和主讲教师,该课程是专门为学院国际化试点班和校内留学生开设的专业核心课程。对学生来说,这个课程有两个普遍认为的难点,一是流体力学专业理论难理解,二是全英文语境中专业原理的表述难理解。王彤一直坚持以人为本,关注学生的课堂和课后反应,不断提升英文表达水平,确保课堂教学的流畅性和专业词汇表达的准确性。另外,她总能将自身在专业知识上严谨严格的治学态度与对待学生耐心温柔的态度结合起来,帮助学生理解流体力学专业原理。对于课程的教学工作,王彤在学期初就充分了解每个学生的成绩排序和特点,安排与学生一对一交流,结合学生的个性进行讨论,并设计细致的过程考核环节,不断督促学生加强课后教材阅读并完成作业,严格要求学生按照规定的步骤解题,引导学生树立严谨和积极进取的学习态度。在评阅作业和测验题目时,王彤会订正每个学生在解题上的错误,在不断重复和磨合概念原理的过程中帮助学生建立用专业原理解决工程问题的能力。而对于因参加社会活动而错过测试和作业的学生,她还会安排补课和答疑,保证每个学生不会错过每个教学环节。如 2019 级杨同学,从前期作业解题方式和测验答题中可以看出其学习很努力,但是成绩并不理想,王彤与她单独交流,直接指出她学习中可能存在的问题,引导她把握看书的重点,帮助她建立正确理解概念的方式。在多次单独辅导后,杨同学也在课程原理的多次应用中终于弄懂弄通课程内容,成绩获得很大提升。这样的故事在每级学生中都有发生。课堂教学之余,王彤结合最新专业技术,参与学院气流速度脉动测试与分析、光学测试等新的实验项目建设,与学生一起进行数据测试,指出实验现象与课程内容的结合之处。经过课程的规范建设,该课程目前已经成为"上海高校外国留学生英语授课示范性课程"。

开拓工程项目，助力学生实践能力培养

自 2009 年学院开展工程教育的项目式教学改革以来，王彤从国际合作毕业设计入手，参考欧美工程教育体系中毕业设计项目的实施案例，与美国宾州州立大学、加拿大多伦多大学、美国西北大学等海外高校进行国际合作毕业设计项目的流程管理和实践，为国内工科专业毕业设计项目指导积累了丰富的经验。校内学生可以在合作完成企业项目的同时感受到国外学生学习和思考问题的方式，树立学习的自信心，拓展国际视野。

在 2018 年学院建设基础与实验教学中心之际，王彤负责中心的软硬件整体建设工作，她根据"培养具有较强的实践能力和创新意识的复合型人才"的工科人才培养目标，更新实验、场地、设备和教学实验项目，同时，她也积极推进虚拟仿真实验项目的建设，改革实验教学指导思路。2019 年初，"凸轮机构及其动态特性虚拟仿真教学实验"获评国家级虚拟仿真实验示范项目，"气体热力学过程及分析虚拟仿真教学实验"获校级虚拟仿真实验示范项目。

为了提高研究生专业教学质量，2015 年起王彤与上海电气电站集团共同申报建设了上海市研究生实践教学基地，每年为学生提供实习和参与工程实践的机会。该实践基地已经平稳运行至今，极大提升了研究生实践能力。

基于工科实践教学工作，王彤参与的"面向学科交叉复合型机械大类创新人才培养的实验实践平台建设与应用"项目获 2020 年校教学成果奖一等奖。

发掘学习兴趣，关注学生未来发展

王彤一直与企业有着紧密的科研协作关系，每年本科毕业设计，她都能从合作企业征集到合适的项目来指导学生。她指导学生树立自己的工作思路，从专业的工程问题出发，循序渐进地引导学生理解项目的工作内容和需要应用的科学原理，帮助他们积极解决难题，纠正错误，不断挖掘研究内容的深度，从而提升毕业设计整体工作的质量。项目指导工作之余，王彤还与学生交流个人的专业

兴趣与发展方向,鼓励学生争取进一步学习的机会。2015级新能源专业巢同学在王彤指导下进行超临界二氧化碳发电循环中压缩机设计项目。在前期交流中,王彤发现他同时选修了软件工程第二专业,但对未来没有规划,既没有考研的倾向也没有就业的打算,没有表现出对将来专业发展的期待,但是每周的工作汇报和交流都能按时完成。针对这种被动情况,王彤带领学生到企业与工程师一起交流,了解项目的应用背景、发展前景和当前难题,在项目第一个月内完成了工程热力学与流体力学基本原理的对应和工程数据核算。通过每周的交流和工作检查推动项目进展,巢同学逐渐产生了学习的兴趣,主动要求与老师增加交流时间,并总是在第一时间完成布置的工作。结合巢同学第二专业特长,王彤在其工作中增加了软件设计工作和软件绘图,并督促巢同学后续发表了专业科研论文。整个项目完成后,巢同学的学士学位论文获评优秀,他也申请到了赴东京大学全额奖学金攻读博士学位的机会。巢同学表示,在整个毕业设计期间,正是王彤老师专业严谨的引导和不断的鼓励、要求,才使其建立起进一步深造的自信心并为之努力。王彤指导的大部分毕业设计学生,均从工程项目的执行中获益匪浅。2018级邬同学在毕业论文致谢中写道:"我发现王老师对待学生耐心而温柔的态度与她在专业知识上的严格与严谨奇妙地共存,她对于学生的关怀也不仅局限于学业,还会为学生指明未来发展的重点与方向。在理工科领域的最后一个课题能够遇到这样的老师,我深感荣幸。"

精准帮扶细致入微,关心关爱学生成长

王彤就是这样一个能在与学生日常交流中发现问题并主动帮助他们的好老师。2021年秋季学期,王彤在课程教学中发现有个别学生反映课业重并出现焦虑情绪,她随即在班级中进行意见征询,并与学院教务办、老师一起统计该年级所有课程课内外学习时间,发现的确存在课程项目实践工作量在学期中后期过于集中的问题,她及时协同其他课程进行了局部时间和工作量的调整。

王彤同时以师者、长辈和同伴的身份与学生共同进行专业的学习和研究,不但具有过硬的专业素养,同时亲切随和,十分善于与学生沟通交流,使学生通过

项目工作及时整理研究思路和积累成果。她积极引导学生投身国家重点行业领域,用激情的教学工作和研究工作态度感染着每一个学生,所指导的学生均能以极大的热情主动从事专业领域研究工作,多名获上海市优秀毕业生、上海交通大学优秀毕业生等荣誉。王彤通过20余年的教学积累在获得了学生的一致好评。

王贺升：教研相长，机甲雄心

【名师名片】

　　王贺升，上海交通大学2022年"教书育人奖"二等奖获得者。上海交通大学电子信息与电气工程学院教授，"海洋智能装备与系统"教育部重点实验室副主任，研究领域为智能机器人，机器学习等。执教13年来，教学成果优异：获2021年首届"佳和"优秀教学奖、2020年"烛光奖励计划"一等奖；负责的"机器人学"课程获评上海市教委重点课程。担任IEEE IROS 2025顶会大会主席（内地学者首次）、《IEEE机器人汇刊》（顶刊）编委；获2021中国发明协会一等奖（排名第一）；近5年团队学生获研究生国奖5人次、高水平SCI期刊论文奖2次、国际会议论文奖3次。

【名师名言】

　　■ 探索永无止境，育人历久弥新。

　　■ 深入浅出，以生动点亮学生的热情；知行合一，用实践巩固抽象的知识。

　　■ 授之以渔，传授终身学习之法；授之以宇，开阔创新进取之意；授之以欲，激发雄心报国之念。

王贺升从教十余年来,时刻以淡泊名利、业务扎实的前辈为职业榜样,以学生的成长规律为工作中心,秉持教育初心,潜心教育教学,以强烈的责任感和使命感落实立德树人根本任务,为新工科背景下的本科教学建设贡献力量。

循循善诱,因材施教

大学既是培养学生专业素养的地方,更是树立他们正确人生观的地方。在课堂上站了十余载,王贺升始终坚持成为学生的"引路人"——锤炼品格的引路人,学习知识的引路人,创新思维的引路人,奉献祖国的引路人。王贺升常说,"一个大学老师在教学上真正的成功不仅仅是孩子们期末拿了多少分,而且是在课程结束后的一年两年乃至五年或更长时间之后,所学所悟的东西是否还能持续发挥潜移默化的影响。"

作为校一流课程"机器人学"的教学负责人,王贺升在日常教学中循循善诱,注意培养学生们终身学习的意识。他始终牢记不能把老师的知识上限变成学生的知识上限,要鼓励他们由课堂知识引申出去,勇敢尝试创新,突破知识边界,始终跻身于相关领域的前沿位置,不断提升专业知识素养。他还注重因材施教,着眼于学生的差异化发展,激发每一个学生的潜能。王贺升始终践行以学生为中心的教学理念,其负责的"机器人学"年年都是"爆款课程",历年来评教水平均处于 A 档水准,荣获 2019—2020 学年上海交通大学"烛光奖励计划"一等奖,并于 2021 年获评首届上海交通大学"佳和"优秀教学奖。

拳拳教诲,与子偕作

随着时代的变化,大学生的观念也在不断改变。从 90 后、95 后到 00 后,他们变得更有自己的思想和主见,变得更有自信去表达自己的看法。在不断的变化中王贺升常常思考:教育的初心是什么?在他看来,教育的初心是对待教学工作的敬畏之心、热爱之心、进取之心、无私之心。所谓敬畏之心,便是时刻不忘教师的职责,于三尺讲台辛勤耕耘,努力传道、授业、解惑,不负讲台下期待的目光,不负为国家培育人才的使命;热爱之心,即热爱教师工作、热爱学生,在对教育教学工作的朴素情感中获得不懈奋斗的动力源泉;进取之心,即勇于对教学内容、教学方法、教学手段等进行改革与创新;无私之心,即用正确的名利观,从更长的历史维度反思自己当下做出的贡献。

在担任本科生班主任期间,王贺升一直将"偶尔引导、常常联系、总是陪伴"作为工作信条。踌躇满志的学期初、紧张忙碌的学期末、面向未来发展的迷茫期……他都出现在学生中间,或是答疑解惑,或是理性分析,或是暖心鼓励。在本科生教学工作中,他会认真解答同学们提出的每一个问题,并根据学生的反馈,及时调整授课进度或补充授课内容。在2021秋季学期的课程中,有一位学生对机器人学中一个基本定理提出了疑问,这种大胆质疑的态度是治学中可贵的素养。王贺升对这个问题十分重视,为了证明这一基本原理,他和助教们一起查找了各类资料,并与数学学院的教授交流讨论。最终,找到了一个合理的阐述角度为同学解答,并为机器人学中所涉及的其余基本定理的证明方法制作了PPT,作为补充学习资料供学生们学习。

以身践行,恪尽职守

"我们做机器人的,就是得拿出些实实在在的东西。"这是王贺升数十年科研教学的操守,也是他对学生不厌其烦的叮咛。面向世界科技前沿和国家重大需求是王贺升的科研初心,更是他的实践品格。他始终致力于研究智能机器人技术。在数十年的科研教学生涯中,他和课题组的研究生们一方面"仰望星空",对标国际学术前沿,不断以最先进、新发布的前沿技术自我鞭策,在实验室中"瞄准应用";一方面"脚踏实地",对每一个理论上的突破再三求证,对每一个工程问题迎难而上,在"产业需求中检验研究问题",提升了智能机器人关键共性技术水平,实现了机器人控制技术由实验室迈向实际生产生活中多领域应用的跨越。

在每一次课题组内部的学术讨论会上,总能感受到王贺升几十年如一日的学术激情。同学们总戏称"王老师看到新的理论公式就激动"。这句话说得一点不错！一旦同学们对机器人控制中未解决的难题提出一个可行方案，王贺升便溯源求真，从根本原理出发，一层一层递进，与同学们探讨理论方法，对其中每个环节的推导进行反复推敲、细致纠错，以身践行"大胆假设，严谨验证"的科研态度。在王贺升的带领下，一代又一代的研究生为机器人领域关键技术的发展贡献了原创成果，课题组研究生近五年来发表了高水平 SCI 文章 61 篇，并 2 次获得期刊论文奖，2 次获得会议论文奖。

王贺升致力于搭建国际化交流与学习平台，将先进知识理论引入课堂。自2016 年以来，他联合全球几十所大学，创办全球性人工智能在线教育课程Shanghai Lecture，通过国际学术大师在线授课、全球师生在线互动交流的形式，讲授人工智能与机器人技术的前沿进展，教学内容丰富新颖且具有鲜明的国际化特色。他带领课题组建立了国际交流中心，为世界一流大学学生提供暑期实习平台，并作为中方负责人，联合香港中文大学、香港城市大学等创建短期学术交流项目，组织在读研究生赴各高校进行暑期学术交流，鼓励学生走出去，拓宽学生全球化视野。

披星戴月，与子偕行

王贺升始终致力于研究成果的落地，目前已经与多家国内外知名高新技术企业达成合作关系。在当前国际学术界热点研究方向，即无人驾驶、自主移动机器人设计与研发工作上，他不断推进攻克行业技术难点以满足实际生产需求，取得了显著成效。要实现技术向产品的转化，从实验室迈向实际生产应用，所要解决的问题既多且繁杂，从硬件平台、底层控制到高级决策，每个环节都不能落下，这对项目公关组来说便是一山更比一山高的考验。"遇到问题不可怕，总会解决的。怕的是永远遇不到问题。"王贺升以忘我的热情投入难题攻关，不论是工作日、周末还是假期，只要去他的办公室或课题组实验室，总能看到他埋头工作的身影。"问题不过夜"是他的原则。他每发现一个问题，就迅速展开技术核心组的讨论会，不畏难，不规避，直至攻克一个又一个技术壁垒。在王贺升的言传身教下，课题组的成员纷纷沉下心，做实事，坚定信念走出自己的科研道路。

正是王贺升严谨务实的科研态度,数十载的基奠终能孕育丰硕成果,他也于2016年获评国家自然科学基金优秀青年基金项目。在他的带领下,实验室的创新成果得以顺利孵化。在医疗手术机器人方面,王贺升负责研发的手术机器人系统获得了2021年度中国发明协会创新奖一等奖;在自主无人系统方面,实验室的原创技术成果助力多家机器人产品的研发,显著提升了经济效益。

立德树人,至诚报国

心怀爱国之情,笃行报国之志。王贺升把教书育人和科研创新融入祖国社会发展、科技兴国的伟大事业之中。在工程实践中,他致力于培养青年科研工作者发现问题、解决问题的能力,促使他们将理论创新与实际应用结合,真正做到了以先进理论知识带动相关行业的发展;同时注重提升学生综合素质和关键能力,为他们日后更好地承担科技兴国责任打下基础。

在对后辈科研工作者的培养中,王贺升始终坚持认真负责的态度,与学生频繁进行学术交流。他充分了解学生自身的科研水平,做到因材施教,使每个人走出自己的创新道路;同时,作为生活上的导师,他不苛责不放纵,急人所难,诲人不倦,使得团队的氛围融洽,从而也提升了团队在项目实践中的互帮互助、共同协作的能力。肩负实验室负责人与党支部书记双重职务,王贺升认真履行职责工作,完善实验室的制度建设,规范化实验室安全守则,优化设备使用流程,为青年科研人员开展实践学习提供优良环境;身为党建工作负责人,他加强团队作风建设,宣扬积极向上的合作精神、刻苦钻研的奋斗精神,以严肃的态度、严格的标准、严明的纪律要求规范言行,打造风气端正、积极进取的团队形象。

桃李不言,下自成蹊。王贺升坚守教育报国理想、不忘立德树人初心,从自己做起,从本职岗位做起,为机器人事业培养一批又一批接班人。

孔令体：韶华不负育桃李，踔厉奋发铸师魂

【名师名片】

孔令体，上海交通大学 2022 年"教书育人奖"二等奖获得者。上海交通大学材料科学与工程学院教授。于清华大学取得本科及博士学位，先后在加拿大蒙特利尔大学和西安大略大学从事博士后工作。曾任上海交通大学研究生院国际化办公室主任、培养办公室主任，现任研究生院副院长。曾荣获上海交大"十佳班主任"、上海市社会实践优秀指导教师、上海市教学成果奖一等奖、上海交大优秀教师一等奖等荣誉。

【名师名言】

- 为人师者，先正其身，方能立德树人。
- 世间事，做于细，成于严；育人宜因材施教，宽严并济。
- 尊重课堂，认真讲好每一堂课，让每一位学生都有收获。
- 做好平凡事，站好育人岗，认真践行"菜园"园丁职责。

每个时代的画卷，都需要有为青年绘就奋斗的篇章。弹指之间，孔令体已在交大的讲台上度过了十多个春秋。从风华正茂的青椒到资深的交大人，他与众多同事一道，矢志不渝坚守教育初心，不负韶华踔厉奋发，努力践行立德树人、为党育人、为国育才的神圣使命。

不忘初心上好课

孔令体一直认为，讲好课是一名大学教师最基本的素养与责任。他长期担任材料学院两门全英文课程的建设与主讲工作，"认认真真讲好每一堂课，让每一位学生在课堂上都有收获"是他矢志追求的目标。尽管这两门课程已讲授多年，但在每学期开学前，他仍要结合教学大纲和上一学年的教学体验与反馈，精心规划新学期的教学安排。每次授课前，他都会更新课件与讲义，力求内容与时俱进、语言简练易懂、逻辑严谨清晰。课件往往标注了文献的出处，这样既传递给同学们学术规范的意识，又便于他们顺藤摸瓜，进一步深入了解相关学术背景。讲义往往带有较详细的备注，便于学生课后复习。在授课过程中，他会留意学生的反应，适时调整授课节奏。课后他还及时跟踪学生作业反映出的问题，对存在的共性疑难问题第一时间释疑解惑。此外，他还利用多种渠道收集学生的意见、建议，积极改进教学，确保每节课的教学效果。

在教学方式上，孔令体不断尝试推陈出新。他课件的不少内容都选自中外学术期刊中近期发表的学术论文，这让同学们在了解学科前沿的同时，也体认到科学发展无止境的趋势与道理。他会通过现场 Python 编程来进行公式的推导，并通过程序绘图来展示计算结果，激发同学们的学习兴趣，加深他们对课程内容的理解。他会通过设计教学案例，结合同学们的科研实际需求来展开理论知识的讲解，激励同学们学以致用。他还针对学生普遍拥有智能手机并爱玩手机的特点，借助问卷网在课程中扫码随堂测试。在"多尺度材料模拟与计算"课上，他积极与计算中心对接，通过"交我算"来协助课程教学，让同学们尽早接触到身边的"尖端设备"。

在教学管理上，他充分利用 CANVAS 平台建立课程网站，除了提供课程大纲、教学安排、教学资料等丰富信息外,还会在每次授课前,将课件、当周作业、拓展阅读文献等上传至课程网站。每次作业提交截止之后,他还将作业的参考答案公布在课程网站上,此举既便于同学们巩固知识,又进一步拓展了他们的视野。

在专业课的教学中,孔令体还不忘融入"课程思政"元素。在"材料力学行为"课上,他穿插了不少学院在相关研究中的最新成果,激发同学们的专业兴趣、专业自信;在讲授完材料高温力学行为的相关知识后,他跟同学们科普了我国高温合金的发展现状与需求,勉励大家志存高远、成才报国。在"多尺度材料模拟与计算"课上,除了介绍常用、通用计算程序之外,他还会专门介绍国内专家开发的相关软件。在之前的一次课前,他碰巧阅读到我校数学学院博士生参与开发的一个新算法,旋即在课上介绍给同学们,用身边朋辈的成就来激发学子们的创新热情。

牢记使命育人才

世间事,做于细,成于严。孔令体认为,对当代大学生既要厚爱,更要严管。

作为任课教师,孔令体尊重课堂,守时如金。同时,他也要求学生也能够尊重课堂,诚信守时。上课时,他会准备一张迟到学生签名表,由迟到的同学自行登记其姓名、学号与迟到原因。对于课堂上个别溜号的同学,他会通过提问等方式,帮助他们把注意力拉回课堂。最能体现他教学要求严格的,还要数平时作业和考核。在他的课上,学生每周都会有书面作业和课后阅读作业。而作业题目往往在教科书上找不到:有的选自课题组同学们的实验,有的摘自新近的学术论文。他经常告诫学生,不要太在意成绩,要更在意知识和能力。在他所执教的课程中,学生最终成绩的50%由平时作业和随堂测试构成。如此严格的过程管理,有效避免了同学们临时抱佛脚的期末突击,提升了同学们平时学习的效率。

作为研究生导师,孔令体一直秉持因材施教、宽严并济的育人理念。他认为指导研究生,必须做到导心、导学、导业,要根据学生的能力和职业愿景,恰当安排学生的论文选题。他会根据学生的特长优点,为其选定研究主题,并在研究思路和方法上,给学生提供详细完备的指导。对于具体的研究内容,他以宽为主,适度引导,充分尊重学生的选择,以培养他们独立思考、独立探索和自主创新的能力。他认为,导师与学生绝不是"老板"与"员工"的关系,而是平等的"合作伙伴"。因此,当学生在研究过程中遇到困难的时候,他会耐心地安慰、鼓励他们,跟他们一起讨论、分析,一起编程序、写代码,帮助学生解决困难。他经常告诫学生,博士论文的水平,不是体现在发表几篇小论文上,也不是体现在影响因子上,而是体现在论文的学术创新和对学科领域的贡献上。在他的指导和影响下,课题组的学术氛围很是浓厚,已培养的 7 名博士中,有 5 人选择了学术就业,1 人获学院优秀博士论文,1 人被评为年度优秀毕业生。

勇挑重担促改革

孔令体在繁忙的教学科研之外,还积极投身研究生教育的管理服务工作,科研与行政双肩挑,两不误。

面对千头万绪的研究生培养工作,他与同事们一道,形成了"以规范化提高管理水平,以信息化提升服务效能,以精细化保障管理服务质量"的一整套工作思路。几年来,依据学校政策文件和实际工作情况,他和同事们拟就了一系列政策文件的实施细则,先后形成了《博士研究生培养过程管理实施细则》《上海交通大学研究生转导师转专业实施细则》《上海交通大学研究生课程免修免听实施细则》《研究生博转硕、转专业后培养工作指南》等 10 多项指导性文件,让各项政策的边界更明晰,操作流程更规范,师生办事更有法可依、有章可循。

在具体的管理服务工作中,孔令体留意到经常需要师生、院系提交表格、材料到研究生院来进行审批,中间又免不了要去找任课教师和院系领导签字盖章,徐汇、黄埔等校区的师生有时还需要专程跑到闵行来办理,让不少人"跑细了腿"。为改变这种状况,他与同事们就各项业务流程进行分析,与研究生院信息化团队、网络中心相关老师就技术问题进行讨论后,设计了一系列"交我办"流程方案,提请网络中心协助开发。三年来,他带领学生共完成 20 多个服务流程的设计、开发、上线,实现了"让数据跑路,让师生省心,让管理规范,让政策落地"的目标,保障了工作质量,提升了服务效能。

身先士卒防疫情

"苟利国家生死以,岂因祸福避趋之",2019 年底一场突如其来的新冠疫情,打乱了正常的教育教学秩序。疫情面前,孔令体勇于担当,以实际行动践行着入党誓言。

2020 年春节刚过,学校就开始紧锣密鼓地谋划开学的各项准备工作。时任研究生院培养办主任的孔令体,提前结束了寒假,立即切换成了"五加二""白加黑"的工作模式。在院领导的带领下,他参与制定完善在线教学方案、教学工作规范、开发在线注册系统,指导院系落实在线教学安排,并根据防疫形势的变化不断调整工作方案——原本线下有章可循的工作全部切换成了全新的"在线"模式。孔令体的始终"在线",换来了我校研究生培养工作疫情期间的不掉线。

2021 年秋,刚刚调整岗位分管研招的孔令体,又迎来了"史上最难"的全国研究生招生考试。近万名考生到校考试,疫情防控形势空前严峻。他与同事们一起,反复研讨,精心制定工作方案,全力做好疫情防控与平安组考工作。考前几个小时接到临时通知,有几位存在疫情风险的考生需到学校设置的校外隔离考场参加考试。孔令体闻令二话不说,身先士卒,主动承担起该隔离考点的负责工作。交大在疫情下,顺利实现了"应考尽考、平安研招"的目标,获得了上海市教育考试院的专门表彰。

2022 年春夏学期伊始,上海疫情肆虐,交大也被迫进入闭环管理模式。作为研究生院第一批进校守护的志愿者,孔令体一面投入到疫情防控一线志愿服务中,一面还在校、院领导的指挥下,与校内外的同事们协同,精心规划研究生招生的在线复试和考试方案,并组织云上学术活动。交大在迎来疫情防控阶段性胜利的同时,也顺利完成了 2022 年的硕士、博士、港澳台生招生复试工作。

一粒微尘有自己的能量,是因为汇聚于璀璨星河;一滴露水有自己的光芒,是因为奔腾向海洋;一名高校青年教师在教育舞台上发出光和热,是因为他身处一个大有可为的平台与时代。在过往的教育历程中,孔令体以春蚕吐丝、春风化雨般的辛劳滋润着莘莘学子的心田,以锲而不舍、甘为人梯的进取奉献精神孕育出了一批批丰硕的桃李果实。今后在教书育人的道路上,孔令体仍将和他的同事们一道,用行动诠释担当,用青春书写忠诚,把初心落在行动上,把使命担在肩膀上,在高等教育的沃土上谱写出更加绚丽的篇章!

丁显廷：国际视野和科创实践双轮驱动的教书育人模式

【名师名片】

丁显廷，上海交通大学 2022 年"教书育人奖"二等奖获得者。上海交通大学生物医学工程学院教授。于浙江大学获学士学位，于美国加州大学洛杉矶分校获博士学位。曾任上海交通大学生物医学工程学院分子与纳米医学平台主任、个性化医学研究院常务副院长。先后获得国家高层次人才青年项目、国家优秀青年科学基金、上海市"曙光计划"支持；荣获求是基金会"求是青年学者奖"。2021 年荣获上海交通大学"凯原十佳"教师。

【名师名言】

■ 何其处也，必有与也。要勇于跟比自己更优秀的同学做朋友，良性的同行压力是一个人进步的源动力。

■ 坐而论道，不如起而行之。要坚持在实践中总结和摸索事物发展的客观规律，不要盲目相信书本知识。

■ 交叉学科的发展是当代科技进步的必然趋势，所以要对其他领域的知识抱有兴趣和热忱。

丁显廷教授长期从事重大疾病个体化诊疗技术的研发。科研上,他不弛于空想,不骛于虚声,兼顾基础科研和成果转化,敢于在未知中探寻科学研究本色。发表科研论文 120 余篇,申请国内外发明专利 70 余项,是多项国家重大项目负责人;教学中,他诙谐幽默,深入浅出,不拘泥于形式,但又要求严格,教育学生做起而行之的行动者,不做坐而论道的清谈客。所指导学生获国家奖学金、校优秀毕业生、全国大创优秀论文、挑战杯黑科技专项赛最高奖、互联网+银奖等荣誉 30 余人次;生活里,他亦师亦友,以身立教,生活上关心,择业时关注,做学生成长的引路人,是学生心中的"大先生"。

坚持课堂教学与科研实践相结合

人才培养、科学研究、社会服务、文化传承创新、国际交流合作是我们现代高校的五大任务。其中科学研究是高校的重要职能,它直接关系到高校人才培养的质量和学术水平的提高。随着高等学校教学国际化、个性化、学科综合化以及教学管理活性化趋势的增强,培养自主性学习的创新人才的呼声也日益高涨。高校的教学越来越离不开科学研究工作,越来越多地依赖科学研究事业的支持。这些都深刻证明了课堂教学与科研实践相结合的重要性。

丁显廷认为,要成为合格的研究型大学教师,必须先成为一个踏实的科研工作者,优秀的科研工作者才能够成为优秀的教师。没有高水平的科学研究,就没有高质量的教学。高校教师要积极主动地围绕教学进行科学研究,尤其要积极地把教学中的疑难问题上升为科研的问题,努力提高科研能力,并且将科研成果反映在教学内容中,提升教学的科技含量,以此建立教学与科研良性互动的机制,带动教学水平和能力的共同提高。同时,还要结合课程的教学,对学生进行科研方法的训练,培养学生的科研能力、科学精神和科学态度。

丁显廷认为,学生不仅要掌握一定的学科领域基础知识、基本理论和基本技能,而且要能在本专业领域进行一定的科学研究,创造性地解决一些理论和实际方面的问题,具有一定的科研素质和能力。这就要求高校教师充分引导和鼓励学生提出问题、分析问题和解决问题,在教学、社会实践、学生的学年论文和毕业论文中对学生进行科研指导。

2022年,疫情来势汹汹,学生无法进入实验室开展科研工作。丁显廷号召大家科研不能停。白天他身体力行,披上白大褂,坚持在科研一线做实验。因为对"科研人"而言,项目进入关键阶段,分秒必争,容不得半点松懈。简单的折叠床和办公桌,便是他的"家"。在他看来,只要能继续做实验,把科研项目稳步向前推进,就是与平时无异的一天。晚上,他线上逐个指导所有同学的数据分析和成文逻辑。经过几个月的奋战,课题组坚持发表10余篇科研论文。复工后,他将自身的科研经历和成果,以及生物医学工程相关的学科前沿实例灵活融入教学内容的各个环节,形成水平高、前沿性强、内容丰富的课堂教学内容,大大提高了学生的学习兴趣。

再困难也要保持国际化的视野

作为具有一定国际视野的留学归国人员,丁显廷一直坚持通过鲜活、生动、真实的国内外案例讲解与对比,展现国家在该领域的创新奋斗史和当下的现实需求,将国内的爱国创新案例贯穿到课程教学的各个环节,不仅能够使学生加深对于国际国内形势的认识和理解,了解我国当下的重大战略需求和"卡脖子"技术,也能够激发学生的爱国主义情怀,实现为社会主义建设培养人的教育目标。

丁显廷积极参与"上海交通大学国际学生科研实习基地"的建立和维护,为国际学生提供教学科研实习平台的同时,培养国内学生的国际合作能力、跨文化意识和国际视野。国内学生全程参与基地的建设和维护,包括中英文实验室简介、实验室规范、实验器材的使用说明、安全条例和应急预案、安全教育实施方案等材料的撰写和翻译、日常海外科研实习者的带教和合作等。海外学生们能够对包括单细胞质谱流式技术、成像质谱流式技术、单细胞蛋白印迹技术、蛋白邻近延伸技术、单细胞药物表型组学等单细胞蛋白检测前沿技术及临床应用方面进行学习探索,从而为学生的进一步深造做准备。

此外,他将"互动式"教学模式应用于本科课程"自动控制原理"和"全球化创新:原理与实践"中,评教成绩稳定在前5%,深受学生欢迎。通过原有课程进行英文版改革尝试，丁显廷独立建立了面向生物医学工程学院本科生的"自动控制原理"英文教学大纲以及课程。"全球化创新：原理与实践"也面向全校本科、跨专业学生开设。

丁显廷创新性地引入全球多所高校联合线上教学模式，以增强国际化、跨文化、全球课堂的教学一体化氛围。利用生动真实的人物创新案例让学生增长知识见识，通过对比国际国内创新案例，厚植爱国主义情怀，增强研究生的创新和爱国意识。

教书育人要因材施教、丈量个性

因材施教是个性化人才培养的必然选择。一流大学的教学不应该采取单一的人才培养模式，而应该考虑不同学生的个体差异，对学生实施以人为本的素质教育。培养具有个性特长并能多方面发挥其潜能的有用之才是教育之根本。在以学生发展为中心的理念下实施因材施教，不仅可以提高学生的综合能力，还可以激发学生学习的主动性、积极性和创新性。

从教十数年以来，丁显廷在不同的学习场合之中，接触过不同类型、不同能力水平的学生，他一直坚守要从学生的实际情况、个别差异与个性特点出发，有的放矢地辅助学生、指导学生，使得每个学生都能扬长避短、长善救失、获得最佳发展。因材施教的思想虽朴素，但依然是今天各种教育改革与创新的基点。

丁显廷经常强调，普遍化的、无差异的传递知识并不能教好学生，教育的重心在于培养学生的主观能动性，培养学生自主汲取新知识的能力。"授人以鱼不如授人以渔"。老师在课堂上如何与学生交互？如何提高学生的课堂注意力？如何向学生高效地输出知识？这些都是教师需要留心的关键问题。备课期间，他将教学提问笔记作为一项重要的内容。课中，他主张自由式发问，通过一次次热烈的讨论，不仅激发了学生的兴趣，更提升了他们"举一反三"的实践能力。丁显廷在交大任教近十年，其教授的"全球化创新与实践"课程一直深受学生喜欢。他希望，"当学生毕业后，回顾在母校的学习生涯中，印象最深、获益最大的课程时，会记起这门课程"。

肖冬梅：立德树人铸师魂，桃李春风育英才

【名师名片】

肖冬梅，上海交通大学 2022 年"教书育人奖"二等奖获得者。上海交通大学数学科学学院特聘教授、国家杰出青年基金获得者、校优秀共产党员，坚持以为党育人、为国育才，以立德树人、教书育人为己任，坚持"传道、授业、解惑"，致力于培养"德智体美劳"全面发展的优秀数学人才。先后获得湖北省教学成果奖一等奖、教育部自然科学一等奖、上海市自然科学二等奖等荣誉。

【名师名言】

- 以德立身，以身立教，自敬自重，教学相长。
- 学习，对一个人来说是终身的事。大学老师的重要职责是锻炼和培养学生终身的自学能力。
- 研究，对一个人来说是兴趣所致。大学老师的重要职责是将自身研究时的探索精神传递给学生。
- 想自己能够想到的，做自己能够做到的。

肖冬梅作为常微分方程领域的专家，在教学中将自己对科学的热爱和长期从事研究的经验体会融入教学，始终坚持以开阔的视野思考创新能力培养和素质教育为目标的课程体系建设，其讲授的"常微分方程"课程建设、改革和实践获学校教学成果奖二等奖，并入选上海市精品课程；"面向信息时代的常微分方程与动力系统"获得湖北省教学成果奖一等奖。

深耕讲台，不忘初心

"为祖国培养优秀数学人才"，一直是肖冬梅从事教育工作三十四年的初心和梦想。2023 年是肖冬梅在上海交通大学工作的第二十年。二十年来，她一直在人才培养一线辛勤耕耘，每年坚持为本科生讲授核心课程"常微分方程""动力系统"以及面上研究生课程，即使在 2016—2021 年担任数学科学学院常务副院长期间，她仍坚持每学年至少完成 110 学时的课堂教学。她高度重视课堂教学，每节课的讲授坚持精益求精，她将难懂抽象的数学概念以深入浅出的方式化难为易，清晰讲授数学知识内在逻辑体系；她秉承追根求源理念，强调知识创造的过程，引导学生思考并发问。每学年第一节课上她就强调课堂或课后发现并指出问题的同学将获得额外加分，由此激发学生的质疑精神和研究兴趣，培养学生的独立人格和引领创新价值。

肖冬梅坚持将"教书"和"育人"有机融合，把专业知识讲授和价值引领有机结合，把对于人才的培养从课堂延伸至课下，把数学专业知识与现实问题相结合，提升学生的创新实践能力，助力学生成长成才。2020 年猝不及防的疫情打乱了全国人民的生活，也引起全社会对传染病问题的关注，这其中也包括我们的本科生，他们对新冠传播建模非常有兴趣，特别是基本再生数的由来。在"常微分方程"课后，为鼓励他们学以致用、关心社会、理解疾控政策，2020 年秋季学期，肖冬梅申请大学生创新实践 PRP 立项"疾病传播动力学分析"，多位同学申请加入该项目研究，在讨论建模和解决问题中，引导石雨昂等五位同学树立"问题建模抓主要，理论分析重细节，数据求证看技法"的理念；五位同学分工合作，圆满完成任务，项目结题被评为优秀。通过项目研究，学生们掌握了解决实际问题所涉及的数学的多个分支知识：分析、代数、计算、统计等等，由此激发了学习后续数学课程的热情和兴趣，目前他们五位都立志深造，进一步追求学术。

除了课堂教学外，肖冬梅近三年担任了 12 名本科生的学业导师，注重走近并深入了解每一位学生，这背后是无法等价换算的时间与心血投入。无论是在生活上还是学习上，她都给予细致的关怀和认真的引导。仅以 2022 年 3 月疫情封校为例，3 月 9 日肖冬梅第一时间联系指导的一年级三位同学了解情况，与他们通过腾讯视频交流，当了解到他们觉得有力无处用时，便向他们介绍国际数学日系列活动 2022 阿里巴巴全球数学竞赛，鼓励他们参加，争做数学高手；王云骥同学参加了初赛，并成功入选 6 月 18 号决赛，这对于大一学生来说非常不容易。结果出来后，王云骥联系肖冬梅讨论决赛选题，尽管决赛胜出机会很小，毕竟他只是大一的学生，数学知识有限，而这个比赛是面向全球所有热爱数学的人。但肖冬梅还是认真与王云骥讨论，根据他的兴趣建议主方向和辅方向，鼓励他享受挑战的快乐。另外，给学生继续深造写推荐信是肖冬梅每年必做的事，这次也不例外。由于疫情封校有些材料无法提供，但她还是尽全力为学生写推荐信，并时常与同学们进行电话沟通，大三学生王子康就是其中一位，目前他已被北京大学数学科学学院预录取为 2023 年基础数学专业推荐免试博士研究生。

匠心育人，上下求索

肖冬梅是微分方程与动力系统领域的领军学者，在微分方程定性理论、分支理论及其应用研究方面，取得了有重要意义和广泛影响的成果。其成果被国外著名学者的 9 本专著引用，其中部分成果获 2003 年教育部科技进步（自然科学类）一等奖，2006 年获得上海市科学技术奖二等奖；肖冬梅入选上海市优秀学科带头人（A 类）。她潜心学术、严谨治学，把握学术前沿，关注国家需求，近年来除承担国家自然科学基金委重点项目外，还主持中央军委科技委重点专项和上海市教委重大项目等；在弱化 Hilbert 第 16 问题的研究中，取得了系列重要成果，完整解决了拟齐次系统的 Arnold-Hilbert 问题；多次受邀在国际会议上作大会报告，如 2019 年在加拿大蒙特利尔举行的"多项式微分系统的新趋势"国际会议上作大会报告,2021 年应邀在莫斯科大学举行的"微分方程及相关问题"国际会议网上作 keynote 报告,2022 年在韩国首尔举行的 2022 KWMS 第 17 届国际会议网上作大会报告,2022 年在中国首届百名女学者论坛暨南京大学 120 周年校庆学者论坛作主旨演讲。

肖冬梅始终把科研作为教学的源头活水,坚持教研相长,以科研反哺教学,积极把学术优势、科研优势转化成为育人优势。作为研究生导师,她注重培养学生严谨的治学精神,引导学生热爱专业、追求学术,激发学生研究兴趣,激励学生把科研论文写在祖国大地上。肖冬梅在校培养研究生 34 人;指导研究生在本领域顶级期刊发表论文 18 篇;5 位研究生获评上海市优秀毕业生,5 位获得国家优秀奖学金。她还特别注重因材施教,结合学生特点进行指导,激发学生科研工作兴趣,引导学生走上追求学术的道路;有的硕士生本科不是学数学的,但想通过读硕士在上海找份工作,何鸿锦就是这样一位同学,他本科在武汉理工大学学习软件工程,后来到交大数学系读理工结合硕士研究生,肖冬梅在讨论班上谈到的 Hilbert 第 16 问题引起了他的兴趣。快毕业时,他向肖冬梅表达了想读博士做数学研究的愿望,肖冬梅对他表示鼓励。功夫不负有心人,他如愿以偿,继续在肖冬梅指导下攻读博士学位。而要研究 Hilbert 第 16 问题这个世纪难题需要大量数学积累,肖冬梅给他开出长长的书单,并告诫他先读书坐冷板凳,两年后再开始研讨。四年后,何鸿锦终于成功将代数曲线的知识应用到微分方程,解决了定性理论的一个基本问题——全局中心判定和 Hamilton 拟齐次系统的 Arnold-Hilbert 问题,成果发表在《中国科学》和专业顶刊"JDE"上,法国巴黎六大 Franciose 教授对他的工作大加赞赏,推荐他到法国做博士后。

学生的成长离不开导师的言传身教,肖冬梅在人才培养和学术研究中的敬业精神和工作热情无不印刻在学生的脑海里,也无形地激励着他们。近年来,她指导的毕业生在各自岗位上开始崭露头角,如 2015 年 6 月毕业的博士研究生周鹏于 2018 年被上海师范大学破格聘为正教授;2019 年 6 月毕业的博士毕业生邓联望入选学校"学生党员标兵",毕业后主动到湖南省脱贫攻坚县——城步苗族自治县基层工作,因表现突出被学习强国湖南平台报道;博士后刘博文入选"上海市超级博士后",出站后入职华为研究院先进计算与存储实验室等。

无论是在学业还是生活上,肖冬梅对学生都给予细致指导和关怀,在传授专业知识的同时,也主动关心爱护学生。疫情封校期间,她第一时间联系三位在读博士生,为他们提供经济支持和心理安抚。在得知其中一位身体状况不太好的学生被首批确认为密接者时,肖冬梅每天与她交谈,耐心开导,热情鼓励,直至她安全返校;对习惯在图书馆学习工作而现在不得不在寝室写毕业论文的延期博士生,她加强联系沟通,安抚他的情绪,积极指导他的论文写作使其 6 月初顺利完成答辩。

对标一流,引领推动学科建设

肖冬梅于 2016—2021 年担任数学科学学院常务副院长,在承担繁重的教学科研任务的同时,她坚持对标一流,开拓创新,推进学科建设,培养支持优秀人才成长。2017 年,她首次在交大数学科学学院举行青年论坛,大力引进青年人才,坚持做强学科方向、基础与应用并进、永葆学科一流的方向;她还积极推动学院开展高水平学术活动,设立院综合报告制度,负责的三人小组由学院三个系各推荐一名年轻教师组成,负责学院综合报告邀请或审批,三人小组一届任期一年,极大提高年轻老师融入学院、服务学院的意识,营造良好学术氛围,完善学术生态建设,推动学术交流与合作。此外,肖冬梅响应国家号召积极开展一带一路学术合作,推动上海交大与莫斯科大学合作协议的签署,组织开展了系列学术交流活动。在学科评估工作期间,她带头组织力量开展工作,精心凝练学科方向,准备各类评估材料,经常工作至深夜。她还借助国内外学术兼职包括国际数学教育联盟中国代表、国际数学联盟女数学家协会中国代表、中国数学会副理事长等身份,不遗余力举荐人才,扩大上海交大数学学科在国内国际的影响力。近年来,在肖冬梅和学院师生的共同努力下,数学学科取得了快速发展,在海内外学术影响力持续提升,为优秀数学人才培养奠定了良好基础。

"学高为师,身正为范",肖冬梅几十年如一日耕耘在教育科研工作一线,始终坚守对事业的挚爱和对学生高度的责任感,将热情投注于三尺讲台之上。她以大爱之心关心关注学生,传授与启发相结合,助力学生成长成才,践行教书育人的初心使命,不断谱写教书育人的新篇章!

王开学：坚守科教育人初心，与学生一起成长

【名师名片】

王开学，上海交通大学 2022 年"教书育人奖"二等奖获得者。化学化工学院长聘教授，副院长。于吉林大学获学士和博士学位，师从上海交通大学杰出校友徐如人院士。中国化学会高级会员、英国皇家化学会会士、美国化学会和国际电化学会会员。研究工作紧紧围绕化学储能的实际需求和领域的发展前沿，取得了一批突出的、高水平的研究成果。2015年获上海市自然科学奖一等奖（排名第三），2014 年入选上海市曙光学者，2012 年入选教育部"新世纪优秀人才支持计划"。构建"中学生英才—本科生—硕士生—博士生"的阶梯式科研育人体系，培养了一大批优秀人才。指导的本科生团队荣获第十七届"挑战杯"全国大学生课外学术科技作品竞赛特等奖。

【名师名言】

■ 三尺讲台是教师最好的舞台，坚守初心天地宽。

■ 最令老师欣慰的正是学生的成长和成才，让学生更优秀也是我们最大的心愿。

■ 老师在教书育人、科研育人的过程中也能学到很多，与学生一起成长是我们额外的收获。

　　王开学坚守"为党育人、为国育才"的初心使命,贯彻"让学生更优秀"的指导思想,围绕"教书育人""立德树人"根本任务开展教学管理、教学育人和科研育人工作,取得了显著成效。在担任上海交通大学化学化工学院教学副院长期间,王开学深入解析人才培养目标,推行"因材施教、分层次培养"举措,构建多层次的本科课程体系;积极组织学院教师开展教育教学研究,推动化学专业综合改革,打造"加强基础、跨界开放、挤水铸金"的育人平台;积极开展教学、科研工作,并将价值引领有机融入教学与科研育人之中,厚植学生的使命感和家国情怀,培养了一大批优秀人才,取得了突出成绩。

教学管理:坚守"为党育人、为国育才"的初心

　　深化育人目标,持续推进学院"多层次人才培养体系"的建立和完善。王开学先后参与、主持了以"加强基础、跨界开放、挤水铸金"为目标的化学专业综合改革、基础化学课程分层次教学改革、TBL 教学模式试点改革、大班教学小班辅导教学模式研究、上海市课程思政领航计划等教学研究项目,推动学院课程的内涵建设。他还担任了化学"强基计划"主任,整合学院和各平台优势资源,努力打造卓越人才培养阵地;实行小班化、精英化培养模式;通过建立学术导师制等措施,引导学生追求卓越,增强他们的国家荣誉感和历史使命感;以"以服务国家重大战略需求为导向的基础学科专业建设探索和实践——上海交通大学化学(强基计划)专业建设初试"为题在《大学化学》发表专题文章,总结了在育人目标、培养特色和教学体系建设等方面的思考、研究和举措,为强基计划进一步实施提供理论和实践依据。

　　2022 年春季学期的疫情封校给正常的教学科研工作造成很大冲击。作为教学副院长,王开学紧急启动线上教学预案,主动帮助授课老师解决线上授课出现的问题,并实现线上听课督导全覆盖;定期组织课程负责人和任课教师召开教学工作会议,保障了教学工作的顺利开展,圆满完成春季学期的线上授课和期末考试、本科生毕业论文审阅和答辩等教学任务。同时,在居家办公期间圆满完成了强基计划和自然科学试验班线上招生宣传工作,组织成立了河南省招生领导

小组和招生团队,圆满完成了招生任务。

教学育人:践行"教书育人"和"立德树人"的责任

在本科教学过程中,王开学始终将教书育人和立德树人作为首要任务,坚持以学生为中心的教学理念,在讲授基础专业知识的同时,注重引导学生树立正确的理想信念和道德观,实现学生的全面发展,推动学生成长为德才兼备的人才。近 3 年来,王开学主讲了"现代分析方法""结构分析导论"和"科研能力培养"等本科生核心课程,总计 304 学时。《科研能力培养》是强基计划化学方向的专业限选课程。"限"是指学生在指定的学期并以指定的方式必修,"选"是指学生有选择具体科研方向和课题组的自由。他鼓励学生利用课余时间参与课题组的组会讨论和课题研究,为他们提供了一个理论联系实际、锻炼实验技能和培养科学素养的机会,学生们普遍反映收获很大,学生评价说"这门课程让我真正参与到科研过程中,从而对研究生阶段的工作有了进一步了解"。王开学在本科教学中注重问题导向、教学过程管控和教学效果评估,多方面的教学创新举措使得学生不但掌握相关基础知识,还能帮助他们拓展视野、接触国际科研前沿,引发学生广泛学习的兴趣。

2022 年 10 月,王开学因为新冠疫情进行隔离治疗,他克服身体的不适坚持线上授课。为了保证授课效果,消除环境和他人的影响,他不惜自费承担高昂的病房费用和医疗费用,顺利完成了隔离期间的授课任务,充分体现了一名教师的责任担当。

科研育人:强化学术创新与科研育人的使命担当

王开学瞄准高比能二次电池国际学术前沿和规模储能国家重大战略需求,构建了以人为本的多层次科研育人体系,深化学生的专业基础知识和科研技能,提高他们的创新能力和实践能力,科研育人成果突出。他指导了 16 名博士生(毕业 11 人)和 19 名硕士生(毕业 16 人),所培养的研究生在校期间多次获国家奖学金(5人次)、唐敖庆奖学金、上海交大博士新生奖学金、优秀毕业生等奖励。其中,马超和许树茂同学博士毕业后入选国家博新计划,杜飞虎获评上海市青年东方学者。2021届博士毕业生白文龙同学入职宁德时代,获上海交通大学"霞光奖学金",该奖学金旨在奖励到重点行业和关键领域的重点单位就业的毕业生。

王开学指导了20余名本科生的毕业论文,其中2016届张泽宇同学获校优异学士学位论文;指导了7项大学生创新计划项目,1项上海市大学生创新计划项目,1项苍政项目和4项PRP项目。其中,2017年参与大创计划的3名同学(同一寝室),凭借储能材料的研究经历,分别被麻省理工学院(任之初)和宾夕法尼亚大学(陈通恒)录取为全额奖学金研究生,蔡志鹏入选上海交通大学博士生致远荣誉计划,创造了致远学院411学霸寝室的佳话。2021届毕业生张振同学以独立第一作者身份在化学顶级期刊 Angew. Chem. 和 Energy Environ. Sci. 发表SCI论文2篇,因其优秀的创新能力和实验实践能力,他也获评上海交通大学学生最高荣誉之一"十大三好学生标兵"及国家奖学金、校级A等奖学金、唐立新奖学金、含英咀华奖学金、致远荣誉奖学金等,并获美国麻省理工学院的全奖博士奖学金。王开学指导的本科生团队在锂二氧化碳电池高效均相催化剂及机理研究方面取得了突破,创新性地将钌配合物均相催化剂引入到锂二氧化碳电池中,简化界面的同时改变放电产物,实现了基于均相催化的最优性能,并开创性地采用旋转圆盘圆环测试技术研究电池反应机理,阐释了影响电池性能的主要因素;团队成员以第一作者身份在国际知名学术期刊发表三篇论文,累计影响因子46.4,在第十七届"挑战杯"全国大学生课外学术作品竞赛中力压群雄,斩获特等奖。

史清华：坚守初心，匠心育人

【名师名片】

　　史清华，2022 年上海交通大学"教书育人奖"二等奖获得者。管理学博士，上海交通大学安泰经济与管理学院特聘教授，博士生导师。入选教育部"新世纪人才计划"、上海交通大学"晨星学者计划"、宁夏回族自治区"特聘专家"、国务院特殊津贴获得者和国家社科基金首席专家。主持与参与国家、省部项目 50 多项，其中主持国家两大基金 15 项，国家社科重大、一般以及艺术专项；国家自科面上、应急以及国际交流专项。成果曾获国家科技进步奖三等奖 1 项，省部级一等奖 2 项，二等奖 5 项。代表作有：《农户经济增长与发展研究》《农户经济可持续发展研究》《中国农家行为研究》。发表学术论文 250 余篇，其中在《经济研究》《管理世界》《中国农村经济》等顶级核心期刊发表 40 余篇。

【名师名言】

　　■ 教书育人是一项极具挑战性的工作。要把人教育好，不仅需要思想与能力，担当与责任，还需要技巧与情怀；不仅要让学生在知识掌握与技能训练上的能力有所提升，更要在世界观、价值观的形成上把方向，引导学生树立正确人生观。

　　■ 坚守"我行、我能、我会、我在努力"的十字箴言是育人成才的法宝。

　　■ 兴趣是最好的老师，兴趣是创新的源动力。

2022 年 9 月 10 日,中国迎来了第三十八个教师节,史清华也迎来了自己从教 20 年的纪念日。虽说与同龄人一毕业就走上三尺讲台相比,史清华少了不少教龄,少了不少弟子,但 2022 年有幸荣获上海交通大学"教书育人奖"二等奖于他而言还是不同寻常。虽然与一等奖获得者还有一定差距,但作为一位以科研为专长的学者,史清华终于在教书育人上得到了肯定。他崇尚名师,以刘西拉老师、乔中东老师等为楷模;同时也十分知足,以教书育人为乐。史清华取得的成绩与他的从教初衷和 20 年来"华村一家"科研创新团队的成长是分不开的。

三 思 而 行

在高考时,史清华曾给自己下过一个"禁令":不从教、不学医。但十年的科学院生涯和两年博士后历练,特别是在博士后期间与浙江大学卡特中心数名青年博士的深度交流以及导师支持下的"见习博导"经历,让他渐渐对从事大学教育产生兴趣。到大学去、做一名导师成了那时他心中的梦想,为此,史清华在专著《农户经济活动及行为研究》(2001)出版时,以附录形式给自己画了一幅像,名曰:"我"。"我行、我能、我会、我在努力"的十字箴言帮他走南闯北,助他见多识广。尽管这个"我",初看是对自己性格的描述,细看则更多的是对未来前景以及育人理念和思路的总括。事实上,后来的路就是在此思想指导下践行的结果。作为一名教师,他深知自己肩负的责任重大。"绝不让一个孩子掉队"成为他心中伟大教师的梦想。

道 法 自 然

从教前,他认同"名师一点,胜似十年修行"的理念,他崇尚圣人"有教无类"的育人之道。从教后,更加认同这点,并认真践行与强化。他认为:"没有差的学生,只有不合格的教师",用《三字经》里话的讲:"子不学,师之堕"。正是考虑到这些,他的育人理念与当下流行的观念有所不同,关注重点不是在指导上要有多少创新,而是更多地运用"情→理→法"这一自然法则来指导学生,让教学回归到遵从自然,遵从人的成长与发展规律之上。"实践告诉我,学习的动力来自兴趣,由此,寻找并保持兴趣才是实现创新的根本"。他把兴趣发掘作为育人的抓手,以此激发学生的能动性,让他们在读研的路上自然而然地形成一种"为事业,为思想"的创新冲动。实践证明,这是一种有效的育人方法。以这种方法总结形成的"大学教学管理创新模式与绩效"于 2013 年荣获上海交通大学教学成果奖二等奖。

教书育人,不仅要有思想,更要有行动,行胜于言。在离开浙江大学时,他的育人思想虽不完善,但框架基本搭成。黄祖辉、和丕禅、贾生华等几位老师,不仅邀请他参与了研究生招生活动,更放手让他协助参带研究生。这一经历对于他日后走上上海交通大学的三尺讲台意义重大。很幸运,2001 年底他来到交大,一年后博导资格就获批,他开始着手完善自己的育人方案。

史清华的育人理念也与他大学后形成的爱好有关。他热爱体育,虽天赋有限,但不妨碍他成为一位忠实球迷。在做球迷的过程中,他渐渐地对两个国字号球队——中国足球队与中国乒乓球队——产生了兴趣。两支队伍都成功实现了"谁也打不过,谁也赢不了"的目标,何以如此? 从中他深深地悟到:一个团队的成功与否,关键在"队风"建设。这一理念也为他日后的"华村一家"科研创新团队建设奠定了坚实基础。团队在组建十年后的 2012 年赢得了学校"十佳科研创新团队"称号。

在完善育人方案的同时,史清华对首次招生的标杆树立问题格外关注。他将"学(门)风"建设作为首要任务。在招收首个博士弟子时,他的关注序列为:人品(动机与诚信)→学品(悟性)→分数(能力)。对动机纯、悟性良的学子,即使分数有点缺陷,他也愿意破格招收。他相信"勤能补拙",更相信"德才兼备",只要这两点具备,培养时结合自己的经历,以"兴趣诱导"为抓手,同时辅以师生关系的正确处理,假以时日,一定会培养出优秀的学生。

天 道 酬 勤

理念可能谁都有,但真正去践行理念则不是那么容易。史清华感谢上海交通大学给了他这个平台,让他有充分践行自己育人理念的机会。

他的育人之路即从"破格"招生。开门弟子程名望同学因博研入学考试成绩2分之差被列为破格,由此成为自费博士生。说来也幸运,"奇迹"就在这破格行为中诞生。程名望2004年秋成为"华村一家"团队首位博士生,在交大安泰经济与管理学院的博研生涯中,他克服"起点低""训练弱"等重重困难,以骄人的成绩三年便完成学业,并成功进入同济大学经管学院任教。到同济后其发展劲头更猛,2009年即获"上海市优秀青年教师"称号。2006年春,团队迎来了第二位弟子徐翠萍。她毕业于浙江大学,有"巾帼不让须眉"的风采。在校4年,虽说撰写的论文数量不及其师兄程名望,但质量却不亚于他。在通向国际化的道路上,作为"华村一家"团队重要一员的徐翠萍迈出了坚实的一步,让国际农经重要刊物 *Journal of Agricultural Economics* 上有了史清华团队的身影。其学位论文继其师兄后,再获上海市优秀博士论文,并在国家百篇优博文竞争中争得提名,为交大文科研究生培养"再填空白",也让交大的农经学科在全国上了一个台阶。

同学们的努力,让史清华充分相信遵从、发挥天性自然的力量。他依照有教无类、兴趣发掘的方法,将一个个加盟团队的博士研究生培养成"训练有素的专业学者",让他们成为荣耀交大的学子。他将这个培养模式记录在专著《中国农家行为研究》(2009)的附录《我的三十年》中。虽然那时,许多弟子还在培养的路上,许多努力还只是个梦,但理论指导下的育人梦想随时间发展一个个兑现。

在史清华的谆谆指导和优秀同门前辈的引领下,史清华指导的学生们的表现都让同级羡慕。截至2022年8月底,"华村一家"团队毕业的全部博士都有高水平学术论文的发表,都在博士研究中找到了自己的定位,都在各自的方向上做出了卓有建树的成绩。

任何理念都非一成不变。随着时间推移,史清华的育人模式也在调整,特别是面对导师被学生"老板"化的尴尬,他选择坚决抵制,并在育人方式上做出重大调整,将"训练专业学者"的育人目标与基金申报相结合,开创了"博士论文开题报告=自科基金申报书"的一种成型化的育人模式。从2014年起,史清华指导的5位博士生先后通过这一育人途径,获得国家自科基金支持。

相 马 之 功

史清华的学生一个个出色地完成学业,与他的"兴趣发掘育人法"及"华村一家"团队学风建设有密切关系。在教书育人的道路上,他不只承担着博士生的指导工作,同时也对硕士生、本科生进行指导,并为他们开设一个共同讲座——"做人与做学问",令无数交大学子获益。为了让这一方法帮助更多的人,他把自己在交大十八年的育人思想及实践以序的形式写进《农民工福利问题研究》(2019)一书中。

韩愈在《杂说四·马说》讲到:"世有伯乐,然后有千里马。千里马常有,而伯乐不常有。"这句话依然适用于当今研究生培养。虽然今日研究生之状况与从前固然有差异,但育人的根本则是古今相通,一脉相承的。

研究生,特别是博士生,其创新研究,应当道法自然,不忘初心。史清华认为,"兴趣发掘是创新的源动力。教书育人就是要遵循圣人之道,有教无类地去持续行动。立德树人,贵在'立',身教胜于言教。让学生动起来应是当下教育的核心抓手。不要怕学生写垃圾论文,怕的是导师未能从垃圾论文中发现金子。教书育人的重要功能正是体现在对人才的发现、塑造与提升上。""坚守初心、匠心育人",史清华一直在路上。

万国华：在教学中传递为人之道，求学之道，探索之道

【名师名片】

万国华，上海交通大学 2022 年"教书育人奖"二等奖获得者。上海交通大学特聘教授，博士生导师。在香港科技大学获博士学位，曾在香港科技大学、澳门大学和美国纽约大学从事科研和教学工作。现任中国运筹学会常务理事/医疗管理分会理事长，中国管理现代化研究会运作管理分会副主任委员，上海市运筹学会副理事长。国际顶级刊物 *Production and Operations Management* 副主编，上海交通大学主办的 SSCI Q1 期刊 *Journal of Management Analytics* 执行副主编，《管理科学学报》领域编辑、《运筹学学报》和《系统管理学报》编委。2011 年获得"国家杰出青年科学基金"，2014 年获上海市"育才奖"，2016 年入选上海市"优秀学术带头人"计划。

【名师名言】

■ 韩愈说："师者，所以传道授业解惑也"。作为大学教师，除了讲授学科知识外，"传道"是教学工作非常重要的方面，即传授"为人之道，求学之道，探索之道"，并养成从心底里追求事物真善美的精神。

■ 作为国内顶尖大学的学子，交大学生要以大仁、大义、大勇的精神，去改革社会、提升民生。

■ 对交大学生的人生追求产生积极的影响，可能是比"授业、解惑"更为紧要的工作。

在上海交通大学的校园里,万国华以严谨的治学态度著称。从事科研和教学工作 34 年来,他爱岗敬业,开拓进取,在人才培养方面取得了出色的成绩。他把教学工作视为高校教师职业的第一要务,在科研和行政工作繁忙的情况下,一直坚持高质量的教学工作,年均教学工作量超过 128 学时。他讲授的课程覆盖本科、硕士、博士和 MBA 等各个层次,包括基础课和专业课。他坚持实践为先的教学理念,努力探索有效的教学模式和教学方法,在上海交通大学教书育人的岗位上默默奉献。

教学工作是高校教师职业的第一要务

在本科生课程的教学中,万国华通过介绍学科发展史和研究结果获得过程激发学生的学习兴趣;同时,针对管理类本科生的特点,他坚持严格要求,与课程组同事一起,以案例驱动、集成理论和算法的先进教学体系重新设计了专业基础课"管理科学",主编的课程教材《运筹学》入选科学出版社"十四五"规划教材。

在博士生基础课程"Deterministic Models in Operations Research"的教学中,万国华秉持"给学生良好训练"的教学思想,在系统传授基本知识的同时,利用连续评价方式,通过前沿论文阅读和基于案例的课程大作业等手段,提升学生理论素养及研究问题的能力,取得了良好的教学效果,该课程的修读可以使学生的专业水平迅速达到本学科的前沿。在 MBA 专业课程"供应链设计与管理"的教学中,他利用自己熟悉学科前沿和研究进展的科研优势,结合案例和自己的企业咨询实践进行教学,得到学生的高度评价,并获"最受 MBA 学生欢迎教师"称号。

由于在教学工作中获得了突出成绩,万国华于 2014 年获得了上海市育才奖。

改革博士生培养方案成效显著

从 2010 年开始,万国华主持了安泰经济与管理学院"管理科学与工程"学科博士生培养方案的改革,重新设计了培养计划和培养方法,在博士生资格考试方式、国外联合培养的实施方案、与海外院校双博士学位合作等方面进行了改革、优化,特别是在博士生学术氛围的培育和对导师的激励机制等方面,大胆创新改革,取得了积极成效。经过近十年的持续努力,安泰经济与管理学院"管理科学与工程"学科博士生培养质量得到显著提升,培养质量接近国际一流水平,博士生在国内外一流学术刊物发表了大量论文,并获得多个重要学术奖项。该教学改革项目获得上海交通大学2021年教学成果奖二等奖。

万国华始终践行着"学高为师,身正为范"的信条。2020年以来,虽然受到疫情影响,但是他仍克服了不利条件,从思想上、专业上认真指导学生。先进科学的教学方法和严谨的教育理念,使他在教书育人的岗位上培养出了一个又一个优秀毕业生,例如王杉、周声海、吴学其、岳青和丁珈等博士生都在如 *Management Science*,*Production and Operations Management*,*IISE Transactions*,《管理科学报》等国内外的顶级刊物上发表了学术论文,并获得了 POMS,INFORMS,CSAMSE 等国际学术竞赛奖,分别入职中山大学、中南大学和华东师范大学等国内外知名大学或在华为等著名企业从事研究工作。学生在收获各类奖项和成就的同时,也给学院带来了荣誉,万国华的教学方法和质量因此获得了业界的一致好评。

通过言传身教引领卓越的学术追求

"作学术报告的时候,如果别人没听懂,要反思是不是自己没有讲明白、讲清楚。"这是万国华每次组会都会和学生强调的准则,也是一直以来他对学术抱有的严谨的态度。也正是因为秉持这种一丝不苟的精神,万国华指导的本科生科研工作也取得了突出成绩,其中,本科生骆鼎毕业论文获得2016年校"优异学士论文",毕业后在华盛顿大学攻读大数据和商务分析硕士学位;本科生林美纯获得 INFORMS 2018 年本科生论文竞赛优胜奖(Finalist),竞争对手来自斯坦福大学、普林斯顿大学、麻省理工学院等国际顶级学校的本科生,这也是亚洲本科生在这类奖项中的突破,相关论文发表于国际权威学术刊物 *Operations Research*

Letters，该生毕业后在加拿大英属哥伦比亚大学攻读博士学位；2021年指导的本科生刘思月入选加拿大MITCAS暑期研究项目全奖，今年被麻省理工学院、卡耐基梅隆大学、杜克大学、康奈尔大学等名校的博士全奖录取；2022年指导的本科生刘祝羽、边炳瑞入选加拿大MITCAS暑期研究项目全奖。硕士生杨明雯在美国得克萨斯大学-达拉斯获博士学位，2020年获聘华盛顿大学-西雅图助理教授；硕士生金晨在美国西北大学获博士学位，2019年获聘新加坡国立大学助理教授。

在指导MBA学生毕业论文的过程中，万国华联系企业实际，兢兢业业地与学生一起探索，在帮助MBA学生完成毕业论文的同时，也帮助许多企业解决了大量实际问题（例如，松下公司北京照明本部敏捷供应链优化项目、中集车辆集团北美业务新环境下供应链解决方案等），取得了良好的经济效益，得到了学生的高度认同和称赞。

"传道"是比授业、解惑更重要的工作

韩愈说："师者，所以传道授业解惑也。"万国华认为作为大学教师，除了讲授学科知识外，"传道"是教学工作非常重要的方面。因此，在教学过程中，他一直强调大学里最应该学到的东西应该是"道"：为人之道、求学之道、探索之道，并养成从心底里追求事物的真善美的精神。作为国内顶尖大学的学子，交大学生要以大仁、大义、大勇的精神去改革社会、提升民生。他希望通过这些潜移默化的教育，影响交大学生的人生追求。万国华认为，这可能是比"授业、解惑"更为紧要的工作。

曹慧：用"知识"和"价值"引导学生对于课程的热爱

【名师名片】

曹慧，上海交通大学2022年"教书育人奖"二等奖获得者。上海交通大学外国语学院法俄语系系主任。武汉大学博士毕业，法国里昂高师博士后。培育1门国家一流课程，主持1门上海市一流课程、1门上海市重点课程，参加并主持多项国家及省部级课题，担任多本国际期刊主编及编委。

【名师名言】

■"亲其师，信其道"，教师的言行举止、品格道德、丰富学识不断地引导着学生，学生往往会将对教师的喜爱和尊敬转化为对该教师所教授的课程的喜爱。

■教师要保有纯粹的情怀，发自内心地关心学生，在日常教学中认真地对待每位学生，让学生对课程产生归属感。

■课堂不是教师的私人领地，教师的言行影响着很多人。随着交大国际化教学的不断深入，教师的言行更是影响着来自世界各地的学生。

"大学之道,在明明德"。大学教师是学生学习的组织者和引导者,是文化知识的传承者,是学生在人生最重要阶段的引路人。基于此,曹慧不论在教书方面还是育人方面都严格要求自己。

加强课程建设,打造一流课程

教书育人是教师的基本职责,传授知识更是教师的本职工作和核心任务。为响应教育部打造"金课"的号召,作为法语教学团队负责人,曹慧带领老师们培育了1门国家级一流课程"法国语言文化入门"(个人排名第2),1门上海市一流课程及上海市重点课程"法语及英语词汇中的文化"(课程负责人),3门校级一流课程(均排名前2)。

自2013年教学评价启动以来,曹慧的教学评教结果一直保持优异,其中,在2013年首次教学评教中所教的三门课程在外国语学院304门课程中均位列前三名,一门课排名全院第一。

自2020年开始,曹慧开始负责研究生二外法语课,课程评教连续两年来均排名全院研究生课程第一,其中2021年秋法语二外的评教在全校1740门研究生课程中排名第一。

曹慧还积极参加教学竞赛,以赛促教,曾荣获上海交通大学教学创新大赛二等奖、上海交通大学"混合式教学创意设计奖"。

教书育人,立德为先

"学高为师,身正为范",作为教师,曹慧认为应该保有纯粹的情怀,发自内心地关心学生,在日常教学中认真地对待每位学生。学生曾评价她:"听曹老师上课是一种享受,作为一名普通的学生,我认为教师最高尚也是最高贵的品质便是爱学生,是'爱'将老师与学生连接在一起,而曹老师就有这种闪闪发光的品质,她记住了每位同学的姓名,记住学生的名字是对学生的尊重,让同学们充分感受到了对于课程的归属感。"

大学教师的职责是"传道、授业、解惑"。课堂不是教师的私人领地,教师的言行影响着很多人。随着交大国际化教学的不断深入,教师的言行更是影响着来自世界各地的学生,交大教师可以说代表着中国教师的形象。为了让所有学生真正理解上课的内容,曹慧用中文、英文、法文三种语言讲解授课内容,得到了留学生的高度评价。

为学生排忧解难,做学生的知心人

面对学生在学习、生活中碰到的问题,具有同理心尤为重要。在日常与学生相处的过程中,曹慧发现很多学生容易感到迷茫、焦虑。从教多年来,曹慧曾经在深夜 11 点半接到学生的电话,听到学生说"老师,我现在在思源湖边,周围一个人也没有"时,曹慧意识到问题的严重性。了解情况后得知该学生遇到了一些他当时认为无法接受的困难,情绪非常沮丧。她意识到学生正在向她求助。作为学生首先想到的求助对象,曹慧感受到学生深深的信任,在仔细地聆听了学生的叙述后,她设身处地地帮学生认真分析了面临的问题,将深夜滞留湖边的学生劝回了寝室,事后也多次与这个学生沟通,尽可能地为他提供帮助。

疫情期间,有学生被确诊为阳性,还有学生被认定为密接者,他们的情绪非常不稳定,曹慧了解情况后,持续与学生保持沟通,尽力纾解学生的焦虑情绪,帮助学生渡过难关。

有一次,机械学院的一位学生刚到法国巴黎机场,正巧当天德国出现了慕尼黑爆炸事件,这位学生在机场遇到了一位可疑人物,感到恐怖主义就要向他袭来,内心非常恐慌,马上从国外给曹慧打来电话,曹慧当即电话报了警,并安排在法国的其他学生对他进行了帮助。同样,对于每年去法国留学的学生,曹慧都会组织开展"传、帮、带"活动,帮助学生解决到法国留学过程中遇到的各类问题。当学生遇到困难和迷惑的时候,他们经常会想到跟曾经教过他们法文的曹慧老师联系,曹慧也都会尽可能帮他们分析问题并解决问题。

潜心研究,将前沿学术带进课堂

作为大学教师,曹慧非常关注科研前沿,与时俱进,三年来主持 2 项上海市级教学改革,完成 3 项校级教学改革;同时保持自身科研的先进性,用科研反哺教学,把最新的知识带到课堂,让学生们接触到最新、最前沿的学术动态,激发学生的兴趣。

专心教学,潜心科研一直是曹慧的前行方向。作为一名大学外语教师,曹慧始终带着对讲台的敬畏上好每一堂课,同时踏实地、持续性地开展学术研究,怀着真诚的心去面对学生,在传授知识的同时传递正能量,为培养有自由的精神、公民的责任、远大的志向和批判性的独立思考能力的现代大学生尽一位普通教师的责任。

王骏：培养知华友华学子，传播中国语言文化

【名师名片】

王骏，上海交通大学 2022 年"教书育人奖"二等奖获得者。长期从事国际中文教育与研究工作。目前为上海交通大学人文学院教授、汉语国际教育中心主任、公共汉语教研室主任。负责建设的网络课程"你好，中文"被评为首批国家一流本科课程，该课程的英文版"Learn Mandarin Chinese"在全球最大的网课平台 Coursera 吸引超过 50 万名学习者。获上海市教学成果奖二等奖、上海交通大学教学成果奖一等奖及优秀教师一等奖、上海市青年语言学者优秀论文奖一等奖。指导中外研究生在多项全国性赛事中获得一、二、三等奖。主编的系列教材《你好，中文》获上海交通大学优秀研究生教材二等奖。

【名师名言】

■ 孔子主张"有教无类""因材施教"，皮亚杰主张"认知发展""知识建构"，我觉得只有把东西方教育理念的精华结合起来，才能真正做好中文国际教育。

■ 在这个科技发展日新月异的时代，深入思考教育技术在教学过程中的有效应用，将有助于给教学效率带来革命性的变化。

■ 能力建构和人格塑造是新时代人才培养的两大关键点。

王骏是人文学院教授(教学为主型),专业领域为语言学/国际中文教育。他从事留学生教育工作已经超过了 15 年的时间,并于 2022 年金秋时节获得了上海交大"教书育人奖"二等奖。从走上三尺讲台的第一天开始,他就努力把孔子"有教无类"的东方教育智慧和皮亚杰"知识建构"的西方教育理念有机结合起来,开创了国际中文教育和留学生培养的新局面。他一直相信,知识的传播是没有国界的,在教育工作者的努力之下,汉语和中国文化会成为有机的载体,培养出大量知华友华的国际学子,塑造出更多元包容的美好世界。多年来,王骏始终秉持这一理念,在课程教学、资源建设、人才培养等方面取得了卓著的成果。

潜心教学,孜孜以求

自入职交大以来,王骏一直潜心教学。2014 年起,面对留学生教育的新局面,他主动提出承担留学生公共汉语课这一新兴的教学任务。近 5 年,他平均每年承担超过 400 课时的教学工作,其中绝大部分为学位留学生的公共基础课和专业基础课。面对繁重的教学任务,特别是量大面广的学校公共基础课的教学任务,王骏任劳任怨,全心全意满足拥有不同文化背景的学生的学习需求,并不断思考和实施提升教学质量的教改举措。这些努力受到了广大学子的欢迎,同时得到了学校督导的好评和肯定。

王骏积极参与留学生研究生公共汉语课的教学改革,构建了具有交大特色的 6 个级别、听说读写并举的课程体系,同时通过课程资源的建设和使用,不断提升实体课堂的教学效果,受到了学生的欢迎。他主讲的"初级汉语 1"以及"汉语作为第二语言教学法"课程在最新一轮的开课中,评教分数均达到了 A1 等级。2021 秋季学期主讲的博士生课程"语言学及应用语言学前沿问题研究"评教分数排名全校第一。所开课程累计接受教学督导听课 10 余次,综合评价均为"很好"。选课学生的评语包括"老师有亲和力,而且特别耐心""没想到能在一门课程里学到如此充实的内容""在线教学的资源准备特别充分"。

2020 年新冠疫情暴发后,王骏积极探索在线汉语教学新途径,使其在线直播教学的公共汉语课保持高质量、高水准。通过建立多个班级微信群、开展在线教学研讨、创新运用教育技术手段等方式,王老师带领公共汉语教研室积极克服了时差和网络条件带来的困难,使得全校留学生的公共汉语课与传统课堂"实质等效"。不管是在课间、课后还是业余时间,王骏都时时关注着手机微信群里遍布世界各地的上千名学生的提问,并随时解答他们关于课程、学业以及其他各个方面的问题。此外,教研室还积极探索利用在线资源传播文化新方式,为传播祖国优秀文化作出了重要贡献,培养了一大批知华友华的国际学子。

慕课建设,覆盖全球

2015 年,慕课建设成为教学改革的新方向。国际中文教育能否借此东风,实现真正的国际影响力?王骏勇挑重担,开始负责建设在线课程"你好,中文"。2016 年,初级课程上线;2017 年,中级课程也发布在全球最大的慕课平台Coursera 上。凭借多年来在教学中积累的经验,以及对于学习者需求的深入了解和分析,王骏所开设的课程很快便受到了全球汉语学习者的欢迎。截至 2022年初,已有超过 50 万名的学习者注册学习这门在线课程,课程评分为 4.8/5,学习者们通过上千条在线留言对课程作出了高度评价,主要的意见包括"精彩而易学""因为课程想去中国看看"等。

该课程不仅满足了全球汉语学习者的需要,同时也作为翻转课堂的主要在线资源,服务于上海交通大学留学生(研究生、本科生)公共汉语课程以及国内外高校相关课程的建设,有效提高了留学生汉语学习的效率。这一改革的成果发表于顶级语言教育类期刊 *Computer Assisted Language Learning*,至今已经被引用超过 50 次。2020 年,课程被评为国家一流本科课程。

新冠疫情期间,该课程保障了我校公共汉语课的正常运行,也为全球汉语学习者提供了重要的学习资源。为此,亚洲"一带一路"教育促进会和马来西亚砂劳越州旅游文化部还专门致信上海交大,对提供的这门课程表示感谢。美国纽约大学唐力行教授、爱荷华大学沈禾玲教授、中国传媒大学冯志伟教授、北京语言大学姜丽萍教授等业内顶级专家均对"你好,中文"作出高度评价。

为了保障课程教学的体系性和针对性,王骏还负责开发了纸质教材《你好,中文》系列,该教材与网络课程紧密结合,形成了立体化的教学资源,受到使用者好评,并获评上海交通大学优秀研究生教材二等奖。

此外,王骏还与上海交大出版社合作开发了《你好,中文》系列电子书,该产品具有在线音频、视频播放等功能,在新冠疫情期间提升了在线直播及录播教学的效果,受到学习者的喜爱。为进一步传播中国语言文化,他还主持开发了"你好,中文"微信公众号,包含了《你好,中文》系列教材的大部分课件资源,同时每周都会发布一篇与中国语言文化有关的推文。公众号目前主要面向中国境内的留学生,已吸引了数千名用户注册。

以慕课"你好,中文"为核心的教学资源建设,为我校的留学生中文教育带来了新的气象。然而,"苟日新,日日新,又日新",面对国际中文教育和中华文化国际传播任务日新月异的发展,王骏正在不断探索如何将人工智能、虚拟现实等更为前沿的教育技术运用于教学改革,形成新的突破。

中外学子,人才辈出

人才培养是教育工作者最重要的任务。如何在帮助学生建构起自身完善的知识和技能体系的同时,培养中国学生传播中华语言文化的意识和使命感,培育国际学生知华友华的"文化交流使者"的理念,是王骏一直思索探究的重要课题。

近年来,王骏先后指导硕士研究生 21 人次,其中,多名学生参加国家级和省部级教学比赛并获得各类奖项。日本留学生布目孝子在与诸多知名高校留学生的竞争中脱颖而出,获得江浙沪汉硕教学技能大赛一等奖,该生毕业后赴日本名古屋大学攻读博士学位;中国学生田昕禾在与北京大学、北京语言大学等同领域知名高校学子的竞争中不落下风,获得全国高校教学技能大赛二等奖,毕业后在我校新建成的中国语言文学博士点继续深造。他指导的研究生中,获得国家汉办优秀汉语国际教育志愿者 2 人次。此外,王骏先后指导 10 位本科生撰写毕业论文,其中,挪威学生欧阳海成为上海交大历史上首位获得优异学士学位论文的留学生,该生毕业后在挪威驻华大使馆从事外交工作,努力促进中挪友谊。王骏指导的加拿大籍本科生杰里德在学期间及毕业后,制作并在中外社交媒体上发布了大量介绍中国和弘扬中华文化的短视频,吸引了全球数百万粉丝的关注,对提升我国国际形象,促进国际文化交流起到了非常积极的作用。

在日常教学和指导学生的过程中,王骏非常注重利用上述案例鼓励学生。"桃李不言,下自成蹊",一代又一代的中外学子自成梯队,为国际中文教育事业的发展添砖加瓦。

团队建设,成果丰硕

"一花独放不是春,百花齐放春满园"。从 2014 年承担公共汉语课开始,为满足留学生汉语及中国文化课程的教学需求,王骏领衔成立了教研团队。该团队经过多年发展,已建设成为目前的公共汉语教研室,共包括 9 名专职教师,承担全校本科生 6 个级别、研究生 4 个级别的公共汉语课程教学,以及本科与研究生分别以中、英文开设的中国文化课程教学任务,每学年为近 1 000 名留学生提供优质的教学服务。同时,教研室积极进行课程建设、教育科研和教学改革,取得了丰硕的成果:

构建了完整的本科国际学生中国语言文化公共课程体系,明确了体系内全部课程的知识、技能和价值目标,保证在完成专业知识技能培养目标的同时,通过教学内容和方式的改进,实现潜移默化的价值引领效果。

持续进行课程建设,重点是在线汉语课程和全英文授课的中国文化课程建设。混合式教改实现了学生教学效率与学习体验的提升。通过全英文授课的中国文化课程,以更具亲和力的方式帮助本科国际学生了解中国文化和体制的优秀内涵。

团队成员在师德、科研、教学、国际传播等领域不断探索。团队成员以身为范,教学相长,荣获国家级精品课程 1 门、省部级教学成果奖 3 项;立项国家级课题 2 项、省部级课题 4 项;发表国内外核心期刊教研类论文 13 篇。建成的精品课程、精品教材等资源为提升留学生中国语言文化课程质量、形成留学生教育的"交大方案"作出了重大的贡献。2022 年初,公共汉语教研室被评为首批校级优秀基层教学组织。

科研创新,毫不松懈

全身心投入教学工作之外,王骏在科研方面也没有松懈。作为世界汉语教学学会、美国中文教师协会及中国英汉语比较研究会会员,王骏近年来从事的科研工作主要聚焦汉语作为第二语言习得,尤其是留学生的汉字习得领域,主持完成相关国家社科基金项目 1 项,主持相关教育部基金项目 1 项和校级课题 1 项,出版学术专著 3 本,发表论文 25 篇,其中,SSCI 及 CSSCI 源刊论文 10 篇。2019年获第四届上海市青年语言学者优秀论文奖一等奖(上海市语文学会)。担任三本 SSCI 一区期刊审稿人。联合创办英文期刊 *International Journal of Chinese Language Teaching*,并担任副主编。

兼顾科研和教学是一个大的难题。然而,王骏始终认为,脱离了研究的教学就有如"无根之木,无源之水",必然"行之不远"。由于日常教学工作较为繁重,他不得不将绝大部分业余时间投入到科研工作中。多年来,王骏始终"不改其乐",为教育事业无私奉献。

"路漫漫其修远兮,吾将上下而求索"。经过多年的不懈努力,王骏获得了国家一流本科课程负责人、上海市教学成果奖二等奖、上海交通大学教学成果奖一等奖(2 次)、上海交通大学优秀教师一等奖、"卓越教学计划"、"优秀基层教学组织负责人"等诸多荣誉。然而,他却始终把学校在"十四五"建设期间提出的高标准高要求,以及由复杂多变的国际局势所带来的国际中文教育的新形势放在心上,毫不松懈,不断探索教学改革和人才培养的新途径,以期为学校、为中国语言文化的国际传播事业作出新的贡献。

孙涵：体育场上润育桃李，三十七载涵映丹心

【名师名片】

孙涵，上海交通大学2022年"教书育人奖"二等奖获得者，上海交通大学体育系教授，中国体育科学学会学校体育专业委员会委员。主持课题20余项。投身体育教育工作37年，曾获评上海交大一流课程、上海交通大学优秀教师、上海交通大学"最受学生欢迎教师"提名奖。孙涵带领上海交通大学阳光女篮连续五年荣获"上海市运动会女子篮球（阳光组）"冠军、"上海大学生篮球联赛（SUBA）女子篮球（阳光组）"冠军、"上海市篮球联盟杯赛女子组"冠军。在2021年7月"全国大学生篮球联赛（CUBA）二级联赛"中，获得全国第七名。个人获"上海大学生篮球联赛（SUBA）优秀教练员"（2019、2020年），"上海市篮球联盟杯赛优秀教练员"（2020、2021年）等荣誉称号。

【名师名言】

■ 心中有阳光，脚下有力量。

■ 以阳光裹染初心，以热忱践行使命。

■ 全面发展，首在体育，体育是五育并举的重要环节，是实现人全面发展的关键一维。

■ 促进"体"与"育"深度融合，让体育的身体机能塑造、心理品格锤炼、道德情操修养融会贯通。

2022 年,学生眼里"最贴心、最有爱、最负责任,多才多能的体育教授"孙涵获得上海交通大学"教书育人奖"。自 1986 年起,她已经投身体育教育工作 37 年。她立德修身、潜心治学、倾力教练,以明德强体促进"五育"均衡发展,始终活跃在体育教学、训练与科研一线,将价值引领贯穿到体育教学工作全过程,获得师生的高度认可和广泛赞誉。

体育育人初心不改,立德树人成效卓著

自青年时期起,孙涵便酷爱体育运动。1982 年,刚满 18 岁的孙涵考入武汉体育学院篮球专业。20 世纪 80 年代初,孙涵见证了中国女排的第一个黄金年代。在中国刚刚向世界敞开大门、奋力追赶的关键时期,历史性的"五连冠"敲响了"学习女排,振兴中华"的战鼓,点燃了孙涵奋斗报国的豪情。她下定决心,要努力成为一名优秀的体育教师,把祖国至上、团结协作、顽强拼搏、永不言败的精神传递给更多青年学子。

1986 年大学毕业后,孙涵正式成为一名体育教师。她投身体育教育工作已有三十七载。孙涵认为,全面发展,首在体育,体育是五育并举的重要环节,是实现全面发展的关键一维。在一线体育教学工作中,她注重引导学生在享受乐趣、增强体质的同时健全人格、锤炼意志,以体育教育铸魂育人。

三十七载寒来暑往,一堂又一堂课下课铃响,她身上的汗水一遍又一遍浸湿衣衫。她从不畏日复一日的日晒雨淋,总是超额完成工作。在新冠肺炎防控的特殊时期,孙涵努力做好线上"大文章",积极组织教研室篮球教学团队录制线上课程,多措并举打造多元化线上篮球教学模式,确保线上体育课教学有序开展。她始终如一的工作热情带动了越来越多学生爱上篮球运动,学生们给孙涵发来一条条练习视频,她一条条为学生细致讲解答疑,直至夜深……许多学生说,"孙涵教授是我们遇到的最贴心、最有爱、最负责任的老师,是多才多能的体育教授。"

不仅是篮球课,孙涵在游泳课堂上,也通过生动丰富的教学手段和各种教学器械,让零基础的"旱鸭子"快速变成深水区的"快乐鱼"。因为孙涵不仅需要面

对体育专业学生,还要面对不同学科专业的学生,所以她在教学时需要兼顾基础性和进阶性,这对孙涵提出了更新更高的要求。一方面,她在技术和难度上要考虑到普适性和普及性,一方面还要根据同学们的课堂表现及反馈来设计一定的专业训练,以达到提高身体素质的目的。孙涵根据同学们的实际情况灵活变通、因材施教,一学期结束后,每个同学都有了不同程度的进步,这让孙涵看在眼里、喜在心头。她自信乐观、亲切随和、低调内敛、亦师亦友的人格魅力,更是让学生们喜爱有加。

2015年,孙涵因过度劳累造成膝关节严重损伤不得不进行手术,这是她从教以来,唯一一次向学校请假休息。术后,在尚未完全恢复的情况下,她拄着拐杖又准时出现在课堂上。即便当时站立都已十分困难,但她仍尽心尽力纠正学生们的动作。"这些辛劳远不及看到学生的进步",她说。

三十七年坚守如初,三十七年初心不改。无论课堂内外、无论大事小事,她始终坚持"一切为了学生,为了一切学生,为了学生的一切"。6月的上海,烈日当头,闷热笼罩着篮球场。为保障学生身体健康,她将学生分组进行练习,既保证每位学生能够得到充分指导,也尽可能保证他们充足的休息,而她在球场上未曾休息片刻。一节课下来,孙涵早已筋疲力尽,太阳照射令她几近虚脱,但在学生面前,她永远是"精神饱满的孙老师"。

从"点燃激情"到"勤练常赛",体育教学要培养终身运动者,要磨砺受益终身的意志品质。在篮球课期末考试上,每人有两次机会。有的学生出师不利,便会心生退意,想要重新测试。她严厉教导同学,"只要开始就必须坚持,坚持下去就可能会有意想不到的收获。如果一遇到事情就退缩,你将一事无成。"

交大体育对交大学子的影响是终身的,体育大思政贯穿着每名学子的成长历程。孙涵以一丝不苟的言传身教和坚毅的个人品格默默影响着、塑造着每一个教过的学生。

孙涵不仅是训练场上的教练,也是科研教学的导师。面对一些专业学生科研基础薄弱的现实困难,作为体育系硕士生导师的孙涵针对学生不同情况因材施教、精准开展专业指导,培养出了一批优秀的体育人才,其中不乏国际级健将、一级运动员,目前在河南游泳队、上海乒乓球队、上海交通大学高水平女篮队从事教练工作。孙涵所指导的每一名研究生,都努力学以致用,担当起体育强国的青年使命。

打破边界创新教学,体教融合成果丰硕

篮球是一个特别强调团队配合的运动项目,孙涵突破分层式教学边界,创新引入"结对子"教学方式,特别注意关照到每一位同学,在教学中聚焦同学之间的相互协调配合。比如,在进行传球和投篮等技术动作教学时,她将技术掌握程度较好与相对较弱的同学搭为一组,引导同学之间相互帮助、共同取得进步;在战术学习阶段,以小组为单位进行成绩评定,使学生明确篮球战术执行的要领是协同配合;在教学比赛中,按小组分队,鼓励学生不以比赛胜负为目的,而以团结一致为目标,即使在落后的情况下,也要坚持顽强拼搏、争取胜利。

"在孙老师的课堂上取得了上学以来最好的体测成绩""做梦都没想到,800米能够获得优秀评定""感谢孙老师给我搭配了这么好的同伴"……同学们欣喜地跟孙涵说,自己的体质测试成绩比上学期有了明显的提升。听到这样的消息,孙涵总是感到巨大的欣慰与满足。针对身体素质较差的学生,孙涵更是利用课余时间,帮助同学强化身体锻炼。经过两个多月的训练,有的同学仰卧起坐实现了 0 个到 35 个的飞跃。在她的帮助下,同学们一次次突破极限、超越自我,挑战不可能。

在她的悉心教学下,同学们的篮球专项和身体素质都获得了显著进步和加强,不少同学从"不会"到"会"到"熟练",从"恐惧"到"驾驭"到"表现优异"。2021 年,"沉浸式篮球课程"获评上海交大一流课程。

作为交大篮球教学团队负责人,孙涵协同团队成员重塑课程内容,创新教学方法,改善课堂教学,引入运动教育模式,将身体素质锻炼融入游戏和竞赛中,鼓励学生更加积极主动地参与篮球运动;充分发挥篮球作为团体运动的优势,运用团队小组的教学手段与方式,使学生在参与运动的同时,加强人际交流和互动,

培养团结协作的能力,建立良好的人际关系;在传授知识与技能的同时,让学生在挥洒汗水中锤炼意志,帮助学生培养正确的竞争意识,体验胜利与失败的不同情感,锻炼心理韧性和抗挫能力,激发其树立无高不可攀、无坚不可摧的进取精神。

孙涵坚持促进"体"与"育"深度融合,让体育的身体机能塑造、心理品格锤炼、道德情操修养融会贯通。在孙涵的课堂上,同学们不仅能享受到运动的乐趣,更能训练、培养健康体魄与坚毅品格。对于实践性强的体育学科,她特别注重理论联系实践、总结教学经验,她申报的上海市教委课题"运动教育模式在我校篮球公共体育教学中的应用研究"受到教委和同行的广泛关注。

在致力于教学和训练的同时,孙涵认真钻研高校体育理论与实践,凝练成丰硕的科研理论成果,进而以更高视角、更科学的理论思维指导应用教学训练。她主持全国教育科学"十五"规划重点课题子课题"基础教育,体育课程三级管理体制研究",参与国家哲学社会科学基金项目"21世纪中国基础教育体育课程改革理论与实践研究"(排名第三),主持上海市教委"运动教育模式在我校篮球公共体育教学中的应用研究"、上海市哲学社会科学教育专项"体育学硕士研究生学位论文质量提升研究"、上海体育局腾飞项目"功能性运动筛查预防青少年运动损伤研究—以上海市篮球传统高中运动员为例"等二十余项课题;发表核心期刊文章10余篇;主编《学校体育热点问题研究》《体能基础训练,私人教练150问》,参编《实用体育理论与实践》《大学生体育锻炼的安全与监控系统研究》等专著教材,拥有国家发明专项1项。

此外,应教学发展中心邀请,孙涵开设讲座"如何了解自己的健康状况并选择正确的运动方法",积极参与校工会全民健身活动方案制定,积极申请"上海交通大学教职工全民健身活动实施方案"课题研究。

十载赛场力行不倦,强体铸魂弘扬精神

在交大,有这样一支队伍,所到之处阳光遍洒——交大阳光体育代表队。整个教练团队中,阳光女篮主教练孙涵是年龄最大的老师,她也是上海市高校阳光

女篮主教练当中年龄最大的一位。队员们在赛场上展现的巾帼风采是这位年近花甲的高校体育教育工作者最大的喜悦。一路走来,她付出的艰辛更是历历在目。

交大阳光体育代表队是一支由二十余个院系的普通本硕博学生组成的队伍。自 2013 年担任主教练起,孙涵在学校、学院的大力支持下,带领团队披荆斩棘,赢得无数荣誉。每一个高光时刻的背后,是她近十年如一日的踔厉奋发、拼搏进取,是她绝地反击的无悔坚持和汗水铸就的勇毅果敢。近十年风雨历程中,她给予队员们的永远是最温暖的关怀与最真挚的陪伴。

按照体育系要求,阳光女篮队每周训练 2 次,每次 2 小时。篮球是团队配合项目,而队员又是来自交大不同院系的普通学生,她们肩负着繁重的学习任务,常常难以保证每周 2 次的训练全员到齐。为了保证训练实效,孙涵主动协商增加训练次数、延长单次训练时间,尽可能照顾到每一名队员的学习安排。因此,阳光女篮队的日常训练变成了每周 3 次,每次 3 个小时。

随着学生训练时间的增加,孙涵身上的担子就更重了。在高质量完成日常教学工作之余,她又额外增加每周 9 小时训练时间。气膜馆的工作人员经常半开玩笑地对孙涵说,“你在气膜馆找一间办公室住里边吧。”在气膜馆,阳光女篮队训练总是最后一个离场,经常是师傅必须要熄灯锁门了,才不得不把她们“轰”出去。

每届队员都有来自医学院重庆路校区的学生,她们每周至少来闵行校区训练 3 次。为了让学生不在路途奔波上消耗过多体力,孙涵总是去地铁站接送学生;无数次的篮球队组织加训,使她半夜才回家;寒暑假集训,她又尽最大努力协调解决学生吃住问题,保证学生无后顾之忧,全身心投入训练;有时学生加训恰逢期末考试周,她就专门去邀请老师给队员辅导功课,让队员能够学习、训练、比赛三不误;碰到学生不慎受伤,她第一时间亲自把学生送到医院,给队员买上各种营养品悉心照料;每逢大赛将至,她和队员们一起进行每周 5 次、每次 3 小时的强化训练……

如此这般,孙涵无怨无悔坚持了十年。她的工作强度远超学校规定工作量,她以对体育事业的赤诚热爱和对学生队员的倾心关爱,带出了一支顽强拼搏、团结友爱的交大阳光女篮。

高效训练也潜移默化促进了学习。阳光女篮在收获满满冠军之外,也在学习上屡结硕果。历届阳光队队员中,多人次获得国家奖学金、唐立新奖学金等荣誉,几乎所有主力队员都曾获评常春藤奖学金。

作为主教练,孙涵潜心研究科学高效的训练方式,在加强队员基础体能和专项技能的同时,结合队员自身特点因材施教,利用有限的训练时间充分挖掘队员潜力。她带领教练团队赛前积极备战,分析每一位对手情况,制定多样化、多变性战术;赛场上及时调整策略,多次绝地反击,取得优异成绩;赛后胜不骄,败不馁,总结比赛经验,致力于弘扬团结协作、顽强拼搏的体育精神。在 2020 年 SUBA 决赛场上,面对对手身高体型上的强大优势,交大阳光女篮队员充分发挥自身优势,一次次倒地争球、一次次突破重防、一次次冲击内线,即便在比赛最困难的时刻也未曾放弃丝毫,顽强拼搏直至最后一分钟将比分反超,赢回了 SUBA 总冠军。

在孙涵的带领下,这支队伍不曾辜负每一滴汗水,在一场一场比赛中,拼出了交大体育精神,连续五年荣获"上海市运动会女子篮球(阳光组)"冠军、"上海大学生篮球联赛(SUBA)女子篮球(阳光组)"冠军、"上海市篮球联盟杯赛女子组"冠军。在 2021 年 7 月"全国大学生篮球联赛(CUBA)二级联赛"中,阳光女篮队更是刷新历史最好成绩,荣获全国第七名。孙涵个人获"上海大学生篮球联赛(SUBA)优秀教练员"(2019、2020 年),"上海市篮球联盟杯赛优秀教练员"(2020、2021 年)等荣誉称号。

心中有阳光,脚下有力量。孙涵以阳光裹染初心,以热忱践行使命。课堂上教书育人、赛场上争金夺银、传承体育拼搏精神与文化内涵,是她的"国之大者"。播撒阳光体育理念、推广全民体育参与、增强体育社会价值、弘扬中华体育精神,她始终在倾尽全力。孙涵真诚而细腻的教学训练,不仅收获了学生们积极热烈的反馈,还让她和学生之间建立了真挚的友谊。

高校体育是大学生由学校体育向终身体育转变的关键期,如何让学生掌握伴随一生的运动技能,养成终身体育锻炼的习惯,成长为具有强健体魄、健全人格、社会责任、家国情怀的新时代大学生,是以孙涵为代表的交大体育教育工作者的初心使命。年近花甲，初心不改。未来，孙涵将继续在教学相长中不懈探索、认真实践，在努力做好教学、训练、科研工作的同时，与更多交大学子成为挚友，共同成长，引领更多交大人积极健身、强壮体魄，培养他们顽强的意志和战胜自我、超越自我的精神。

张振东：以"燃烧"的激情培育"低碳"的心灵

【名师名片】

张振东，上海交通大学 2022 年"教书育人奖"二等奖获得者，上海交通大学中英国际低碳学院副教授，英国皇家学会牛顿高级学者，入选国家青年海外高层次人才，获得国家自然科学基金外国优秀青年学者项目。2012 年博士毕业于英国剑桥大学能源工程专业，2018 年加入交大中英国际低碳学院，从事低碳能源与动力教学研究工作。主要研究方向为碳中和燃料技术开发与应用，已在著名学术期刊上发表高水平论文 100 余篇，出版科研专著两部。曾获第五届上海交通大学青年教师教学竞赛一等奖（工科第一）、"烛光奖励计划"二等奖、杰出青年科学家等荣誉称号。

【名师名言】

■ 教学不是单向的知识输出，而是通过实践来培养学生系统化的心智模式和方法论，以确保学生将"知识""心智模式""方法论"三点连接，做到灵活变通，活学活用，学以致用。

■ 能力越大，责任越大，所谓厚德载物。教师作为人类灵魂的工程师，除了传播知识理论，唤醒学生的环境意识与社会责任同样重要。

■ 若干年后，希望活跃在低碳环保行业中的主力军们，都出自我的课堂。

2022年9月是张振东离开马来西亚来到上海交通大学就职的第四个年头。在这一年,他荣获了2022年上海交通大学"教书育人奖"二等奖。这份荣誉对于张振东来说,既是对过去四年教书育人工作的肯定,更是给自己未来的四年、十四年,甚至四十年的教学与科研生涯增加了一份责任与坚定。

张振东认为,教师应当作为学生学习活动的引导者,而非主导者;教师不仅肩负着传道、授业、解惑的使命,更是要以"教练"的身份培养学生的学习兴趣,挖掘学生的科研潜能,开拓学生们的国际视野,提升学生的核心素养,培育有国际竞争力的人才。

在上海交通大学中英国际低碳学院的校园里,张振东是一位阳光、幽默、帅气、风趣且能说一口流利中文的外籍大男孩,也是一位处处彰显教师风范的青年教师。课堂上他与学生打成一片,用生动有趣而又大胆的教学方式保护和激发着学生们的学习兴趣,引导学生们独立思辨。他严谨又不失风趣的授课方式,让每位同学沉浸其中。他把一个个冰冷的教具素材注入了温度,用"燃烧"般的激情点燃浓厚的课堂学习氛围,充分激发学生的学习热情,以真情牵引学生学习动力,为培育"低碳"人才做好引路人。

师者师德,让爱传承

当谈到为何选择为人师表之路时,张振东曾多次提到,他的教师情结源于自己的一位中学老师,受这位老师的影响,他对教师这个职业充满了崇敬和向往。张振东20世纪80年代初出生于吉隆坡,就读于当地的华人学校。在他的学习生涯中,曾有一位老师让他终身难忘。那时候的张振东英语基础薄弱,学习比较吃力,是一个成绩平平、缺乏自信的中学生。幸运的是他在初中遇到了一位与众不同的英语老师,这位老师在课堂上不止讲词汇、讲语法、做练习,还引导大家写英语日记,组织大家开展英语辩论赛,以及排练英语话剧等,多种情境的教学方式激发了同学们的学习兴趣,挖掘了学生的潜力。课后,英语老师还坚持每天督促学生们写英语日记,并一字一句地耐心帮大家修改和讲解。老师的鼓励和热心保护着他的自尊心,激发了他的学习热情和自信。短短一年,张振东由名不见经传的中等生一跃成为英语佼佼者,并在雅思考试中拿到 8 分的成绩,这为他后来在英国剑桥的留学奠定了良好的语言基础。然而,就在英国留学期间,张振东收到了恩师过世的消息,他非常难过,悲痛之余,张振东决定传承恩师的爱和理念,将青春挥洒在讲台之上。

思之践之,探索"三元一体"教学方法

复杂且多学科高度交叉的课程、不同专业背景的中国学生、全英文授课要求,这些都着实增加了一个外籍教师的教学难度。在这样的挑战下,如何保证选课的同学们不仅能够听得进、听得懂,而且课下还愿意去动手实践并引发新的思考,这是非常重要的。张振东凭借多年的教学经验和与学生们的反复沟通,慢慢摸索出了一套以"教师""学生""实践"为主的"三元一体"探索式创新教学方法,帮助学生们更有效地学习。作为教师的"主动元",张振东在课堂上不仅将传统的幻灯片作为教学工具,也把各种生动的教学道具带进课堂辅助教学,如燃烧室模具、雾化器等,让学生触摸观察,通过视觉、听觉及触觉感知加深对燃烧器的认识。这种动手式学习方式往往能让学生举一反三,培养学生的批判思维,打破过度依赖书本的"所有问题都有标准答案"的思维定式。由于学生是课堂学习的"核心元",张振东倡导以"学生"为主的参与式学习,在授课当中采用即兴辩论、课堂反转、同伴指导等方式,让学生以自身所学的知识反哺课堂,激发学生们的创意和主动学习的意愿。比如在能源辩论过程中,好胜心驱动激发学生主动学习并积极表达自我观点的热情,课堂的趣味性瞬间提升,学生也因此获得汇报、辩论、团队合作等软技能的锻炼。第三元是则以"实践"方式"走出"课堂。张振东为了能够让学生切身感受"课堂知识在企业中的应用与实践",他多次与企业合作,带领学生们走访申能临港燃气电厂、上海交大航空发动机研究院(临港)、上海 ABB 工程有限公司等专业领域的重点企业,让学生零距离接触低碳技术发展前沿,同时也通过就业引导让学生们理解企业招聘的用人需求。此外,张振东带领学生们早一步"走进"实验室,通过实验观摩、实验结果的反复推敲,来

巩固学生们在课堂上所学的理论知识。"三元一体"的教学效果获得学生们的广泛认可和好评。

师泽如光，实践教学赋能学生挑战低碳难题

"学习只是一个过程，学习的最终的目的还是要解决实际问题。"教师除了为学生们输出知识和分享经验，更重要的是能够"赋能"学生们自主创新，帮助他们挑战科研难题。教学之余，张振东积极带领学生参与各类科创竞赛，以问题导向的探索性研究作为指导思想，通过以赛促学方式，使学生在实践中不断进行自主思考，巩固理论知识，力求让学生真正做到学深悟透、学以致用。在竞赛辅导过程中，他不遗余力地指点学生，在项目的技术、管理、汇报等多方面进行修改打磨，力求项目的完善，助力学生在互联网+、谷歌杯等各项赛事中多次斩获佳绩。其中，他所指导的"科技扶贫，益农创新-分散式微波热解粪便资源化系统"公益项目为畜牧业、养殖散户等提供无害的畜禽粪便低碳处理方案，助力乡村振兴，带来积极社会影响。秉承着"从实践中来，到实践中去"的理念，他带领学生们下乡走访，调研当地畜粪处理方法及对环境影响的实际情况，进而引导学生利用专业知识，结合低碳能源与环境工程技术，提出了绿色可行的粪污处理可持续发展方案。该项目成果获得了学生谷歌杯创业计划大赛的"最佳公益奖"及"最佳人气奖"两项大奖。学生的努力付出不仅获得了肯定，在实践的过程中，学生的思维、组织和解决问题的能力也得到了极大的提升。此外，他还带领学生参加面向全球公开挑战赛"全能企业家精神奖：可持续发展大挑战"国际科创赛事，提出了基于新能源驱动的微波热解家禽粪便资源化利用的低碳技术，从参赛开始的策划、执行、最终落实到技术中试阶段，实现了从无到有的突破，展示了该技术的低碳环保及所产生的经济效益。整个过程中学生们发挥团队精神，克服了重重技术难关，成果最终获得了国际评委的青睐，也因此成功地从众多参赛队伍中脱颖而出进入决赛。在科创实践过程中学生们一致表示"非常有收获感"，并认为参与竞赛的过程对个人综合能力的提升有至关重要的帮助。

潮头登高,推动"中马一带一路"国际合作

作为马来西亚籍的华裔教师,他利用国际资源的优势,推动交大和国际院校的教研合作,时刻践行着学院的国际化办学理念,助力学院培养国际化人才,丰富国际化教学创新和实践,实现教学与学术的共赢。张振东积极推动与马来西亚高校的教研合作,通过国际会议、学术期刊、暑期学校等方式构建可持续发展教育平台,创新人才培养模式,不断取得实践成果。在学术引领方面,张振东参与主办了第六届亚洲低碳国际会议(International Conference on Low Carbon Asia and Beyond, ICLCA)高水平学术活动,会议主题为"面向人类福祉,促进城市可持续发展",旨在探讨城镇化背景下的可持续发展问题和举措。作为该国际会议的常务组委,他组织了分会场并担任召集人,代表主办方主持开幕与闭幕仪式,并担任能源分会场主席。该会议共吸引了来自全球20个国家、超过160位专家学者参加,取得了广泛影响,成为提升国际视野和交流学术思想的重要平台。此外,张振东还连续两年担任了亚洲低碳国际会议的学术特刊执行编委,在国际知名能源期刊 ENERGY (Elsevier)负责客座编辑的工作,与马来西亚高校合作联合打造高质量期刊与学术论坛,构建长期的学术交流平台。

过去三年里,张振东积极邀请马来西亚高校参与低碳学院的年度暑期学校"Green For Life"活动,累计招收了上百名的国际学生参与,该活动也成为上海交通大学国际化程度最高的暑期学校活动之一,推动了学院与马来西亚理工大学构建暑期学校的实践基地,发挥双方各自学科优势,并形成对接机制。在2019年疫情前的暑期学校中,20名马来西亚师生到低碳学院参加了学院暑期学校,次年,5名低碳学院研究生参加了马来西亚理工大学的暑期学校。通过双方各自的暑期学校的学术交流,以及线上亚洲低碳国际会议的平台,促进可持续发展教育的实践不断延续。他对中马两国的学术交流促进的贡献与成果《中马"一带一路"可持续发展教育的创新与实践》发表在"中国高校第四届教学学术"会议上。

在国际教学方面,张振东组织了由中、马、英三方的师资团队共建"联合国

可持续发展目标"暑期课程"碳中和燃料",为国内外本科及研究生提供创新性、无国界的短学期授课,成功吸引了 50 余名来自 12 个不同国家的学生报名,打造了最具国际化特色的课程之一。通过举办具有国际影响力的学术活动,强化低碳学院的国际化办学特色,也能够借学术交流提升优质生到学院深造的意愿。教书育人的使命不能仅停留在大学里,还需要通过国际合作、学术论坛等方式来传递低碳发展理念与知识。在学校"全球交大"演讲活动中,张振东以国际视角阐述引领绿色可持续发展的重要性,荣获上海交通大学"我的全球交大"演讲秀第一名。秉承着低碳绿色信念,他参与临港新片区的"大国工匠"报告文学创作活动,展示了"低碳人"的精神,努力成为"一带一路"低碳绿色发展理念的践行者和推进者。

以燃烧的激情授课,点燃课堂的每一个角落;以国际的理念教书,赋予每一节课程前沿和高度;以低碳的情怀育人,孕育每一颗探索的心灵!这就是张振东教书育人的理念和实践。

洪亮：初心不忘报国志，教学科研谱新篇

【名师名片】

洪亮，上海交通大学 2022 年"教书育人奖"二等奖获得者。上海交通大学自然科学研究院/物理与天文学院特聘教授。2014 年回国任职交大以来，他通过言传身教，为学生的道德和政治理念树立了身边的榜样。在教书育人方面，他秉承"因材施教，知行合一"的教育理念，不仅培养了国家奖学金获得者、上海市优秀毕业生、校优博提名、学术之星等优秀学生，还获评入选国家海外高层次人才计划和教育部重大人才计划。在教学科研方面，他推行"兼容并包，学术自由"的教育模式，鼓励学生在自身学术背景的基础上，打破学科界限，尝试交叉融合，指导学生在多学科交叉研究方面取得了优异的成绩。

【名师名言】

■ 教师的真正本领，不仅仅在于讲好一门课，教好一门技能，也不限于激发学生的学习动机，唤起学生的求知欲望，而是在这些基础上培养肩负历史使命，担当复兴大任的创新型人才。

■ 如果做事的出发点端正，那么其他所有的事情都会迎刃而解。

■ 这是科学家最好的时代。学生们要汲取知识，培养产业思维，形成结果导向的思维方式，切实解决产业问题。

2022年教师节来临之际,洪亮老师获评上海交通大学"教书育人奖"二等奖和晋升特聘教授。对于洪亮老师来说,这一荣誉是对他多年教学科研勤恳工作的肯定,也是开启新篇章的最好纪念。

饮水思源,爱国荣校,初心不忘报国志

在海外生活多年后,洪亮于2014年回国加入上海交通大学,"饮水思源,爱国荣校"的校训正是他所追求和认可的理念。他的研究方向是利用中子散射研究蛋白质动力学,其中的中子散射实验需要在造价10亿元以上的散裂中子源中进行。2019年2月2日,中国散裂中子源完成首轮开放运行任务,我国的中子科学因此有了更广阔的发展平台。为了能够更好地推动中国中子科学的发展,洪亮主导了《中子科学与技术学科发展战略研究》生物软物质方面的撰写工作,并承担了小角中子散射谱仪机时申请的评审工作。此外,为了配合中子散射设备的应用,洪亮还建立了国内第一个生物氘代实验室,实现了大规模氘化生物样品的自主制备,从而能够更好地利用我国中子散射谱仪进行相关的科学研究。

近年来,洪亮发表SCI论文60余篇,发表在国际顶级期刊篇,包括 *Nature*, *Nature Physics*, *PNAS*, *PRL*, *Science Advances* 上共计20篇。其研究课题被列为国家自然科学基金面上项目及重点项目、上海市教委和科委重大项目、上海人工智能国家实验室科研快速立项重大项目、上海交通大学重点前瞻项目、国内医药头部企业研发项目等,洪亮因此入选国家海外高层次人才计划和教育部重大人才计划,并于2022年下半年晋升特聘教授。

洪亮在带领学生到国内外的中子源做实验时,除了教授给学生中子科学方面的知识之外,还会给学生讲述国内中子源建设的优势和进展,使学生认识到国家在国力上的提升和科技上的进步,从而培养学生的爱国主义情怀。他时常教导学生,中国散裂中子源是国之重器,我们作为中子领域的科研工作者,要凭借所学更好地利用国内的中子散射设备,为国家在中子应用科学领域的竞争力提升作出自己的贡献。

早在2020年新冠疫情肆虐之时,洪亮就积极参加抗疫志愿活动。在2022

年疫情形势愈发严峻之时,他一方面教育学生配合和支持国家的防疫政策,积极主动参加抗疫方面的志愿活动;另一方面密切关心学生在疫情期间学业和生活上的困难,并帮助他们解决相应的问题。作为一名科研工作者,他领导学生基于课题组研究基础,开发新冠疫苗的低温保存策略,在专业领域为国家生物安全作出贡献。作为一名上海市民,他主动参加了社区抗疫先锋队的志愿服务,协助保障小区封控期间的物资供应。洪亮以身作则,向学生传递了"饮水思源,爱国荣校"的交大精神,实现了立德树人的教育理念。

因材施教,知行合一,做学生的良师益友

在教书育人方面,洪亮秉承着"因材施教,知行合一"的教育方针,致力于培养学生独立思考、脚踏实地的学习态度,因此也获得了学生们的高度认可。他在上海交通大学物理与天文学院所教授的"热力学与统计物理",不仅是上海高校示范性全英语课程,还于 2017 年和 2019 年获得了物理与天文学院全院所有开设课程评教第一的成绩。他以深入浅出的知识讲解和细致入微的实验培训,让学生真正做到了知行合一,洪亮也因此被物理与天文学院学生评为"最受欢迎老师"。

除了课堂上的教学,洪亮在培养学生进行科研工作时也奉行"因材施教,知行合一"的教育思想。尽管他的第一个博士生的专业背景是化学,但是在培养过程中他发现这名博士生在物理实验表征方面具有很强的学习和操作能力。因此,结合其化学的专业背景及其在物理表征方面的优势,洪亮为这名学生选取了蛋白质动力学随温度演变的研究方向。这一研究方向既使其可以利用化学方面的背景对蛋白质化学领域的课题有快速的了解,又能够发挥学生在物理表征方面的长处,使他能够通过利用中子散射、核磁共振、圆二色谱等实验表征使得研究更加深入。这一选题使该学生在科研方面进展顺利,其先后在国际顶级期刊 *Physical Review Letters* 和 *PNAS* 上发表学术论文,并获得国家奖学金、上海市优秀毕业生、上海交通大学"学术之星"、上海交通大学优秀博士论文提名奖的荣誉。而在培养第二名博士生的过程中,洪亮发现其对计算模拟方面的工作更感兴趣。

因此洪亮指导这名博士生利用分子动力学模拟的方法研究蛋白质表面水的动力学,从而发挥其在计算方面的特长。这名学生的科研也取得了优异的成果,相关工作发表在国际顶级期刊 *Physical Review Letters* 上,并获得了国家奖学金的荣誉。

除了因材施教之外,洪亮对于学生和自己都有知行合一的教导和要求。在教授学生理论知识时,洪亮会指导学生在实验中进行验证;与此同时,通过捕捉发现实验中的异常现象,他也会引导学生在科研中思考和拓展现有的物理理论。这种教育模式不仅教会了学生求真务实的研究方法,而且培养了学生上下求索的科学态度。洪亮指导的本科生参与发表 SCI 论文 5 篇,其中一名本科生获得了上海交通大学优异学士学位论文(Top 1%)的荣誉。知行合一的教育理念不只是针对学生,洪亮对于自身也同样严格要求。在前期蛋白质动力学研究的基础上,洪亮进一步将所学理论推广到蛋白质的保存、设计和药物应用等方面,并以此指导蛋白质药物的设计和开发。因此,洪亮所提倡的知行合一,不仅是理论和实验的交互反馈,还是学术与应用的有机结合。这种知行合一的教学和研究方法,使得洪亮在培养了很多优秀学生的同时,也入选教育部重大人才计划。

兼容并蓄,学术自由,致力交叉人才培养

在教学科研方面,洪亮主张"兼容并蓄,学术自由"的教育模式。在课堂教学中,他就前沿的蛋白质结构预测问题,组织学生分组讨论对比统计物理、数值计算、机器学习三种方法学的效果,从而引导学生理解问题的生物学意义,并认识不同工具学科的思维模式和特色。这种兼容并包的教学方法不仅能够加深学生对于问题的理解,还可以拓宽学生的思路,使其可以全方位多角度地进行思考。

洪亮的研究方向是物理、化学、生物等学科的交叉,因此在科研工作中,他也非常注重学科之间的交叉融合。他以兼容并包的理念招收了具有物理、化学和生物等不同专业背景的博士生,并鼓励学生根据自身特色选择和推进科研方向,允许学生具有充分的学术自由。一方面,学生可以在组内与老师和同学开展学

术交流和激烈的思想碰撞;另一方面,他也提倡与不同研究方向的专家学者进行课题组间的交流合作。课题组与上海交通大学机械与动力工程学院的钱小石老师展开了电卡材料方面的合作研究,相关工作发表在国际顶级期刊 *Nature* 上,体现了科研工作的"兼容并包,学术自由"。课题组的学术氛围自由活泼,积极向上。

洪亮以拳拳的爱国之心立德树人,以先进的教育理念教书育人,秉持严谨踏实和勤奋认真的研究态度,在本研究领域中攻坚克难。他以身作则,将为人师表的积极力量发挥在教学与科研中,用关爱与鼓励,帮助学生在求学与科研之路上走得更远,走得更好,走得更坚定。

贾仁兵：做有灵魂的教育，培育有灵魂的人

【名师名片】

贾仁兵，上海交通大学 2022 年"教书育人奖"二等奖获得者。上海交通大学医学院附属第九人民医院主任医师、研究员、博士生导师，致力于医教研工作近 20 年。担任人民卫生出版社第九版《眼科学》教材编委、中国医药卫生出版社《眼科学》教材副主编、上海交通大学医学院《感官系统复杂病》教材主编、中国抗癌协会《眼肿瘤指南》主编。承担上海交通大学教学课题 1 项、医学院教学课题 1 项。在中文核心期刊发表教学论文 2 篇。

【名师名言】

■ 是学生鞭策我成为更好的自己，也希望这样的自己能让学生成为更好的人。

■ 培养学生有仰望星空的视野，也要有脚踏实地的追求。

■ 育人、育才、育魂，培养全面的、立体的、大写的人。

贾仁兵是上海交通大学附属第九人民医院主任医师、研究员、博士生导师，他致力于医学教学近20年，始终坚持做有灵魂的教育、培育有灵魂的人。他担任眼科学必修课、组织工程选修课等理论课及眼科学实践教学课的带教老师，在眼科学教研室教师中课时数排名第一，授课各类学生近千名，获第九人民医院"十佳教师"等教学荣誉称号。指导或带教研究生50余人，其中获上海市或校优秀毕业生11人，获国家自然科学基金者16人，入选上海市"启明星"、上海市青年拔尖人才等市局级人才计划13人次。

为党育人、为国育才，塑造家国情怀

贾仁兵特别教育学生："要有对党和国家的认同感、对民族复兴的责任感和对自我成长的紧迫感。"他注重培养学生塑造远大理想和家国情怀，并结合自身经历和中华民族百年近代史教导与学生交流关于苦难、关于责任、关于学习的感悟。他说："苦难是心灵的荆棘。每个人终其一生都在不断强化自己，克服苦难，走向自我松绑。如果绕开苦难，那苦难只会变本加厉；只有迎难而上，苦难才会绕路而行。"他通过讲述中华民族的复兴之路教会同学们什么是责任：近代中国在外辱内患的双重破坏下遭受了巨大的屈辱，"唯有牺牲多壮志，敢教日月换新天"，数以百千万计的先烈扛起责任，舍生忘死，推翻了压迫、改造了国家、重塑了新生。在课堂上，他给同学们分享觉醒年代中陈延年、陈乔年两兄弟的故事。他们生逢乱世，即使命如蝼蚁，仍然心怀信仰；即使身处黑暗，仍然心向光明。他用一个个鲜活的事例引导学生感受伟大建党精神，从百年党史中汲取前人的智慧和力量：革命志士的浩然正气、生死无畏，民族脊梁的矢志奋斗、精忠报国，戍边英雄的屹立如山、甘做界碑，抗疫勇士的白衣执甲、逆行出征，有全国人民的勠力同心、奋楫笃行。习近平总书记指出："新时代的中国青年要以实现中华民族伟大复兴为己任，增强做中国人的志气、骨气、底气，不负时代，不负韶华，不负党和人民的殷切期望！"[1]

① 《习近平：在庆祝中国共产党成立100周年大会上的讲话》，《求是》，2021年7月15日。

志存高远、砥砺前行，践行医学理想

贾仁兵在导师范先群院士的带领下，长期聚焦眼肿瘤专业的医教研工作，立志传承与发展眼肿瘤医生"保生命、保眼球、保视力"的使命。他对刚走进临床的青年医生说，"人患志之不立，何忧令名不彰。"在他的身体力行、耕耘不殆下，九院眼科眼肿瘤专业从小到大，已发展成一支颇具规模的队伍，包括高级职称11人、国家级人才1人、市局级人才11人次、研究生30余人，团队医教研产出硕果累累。贾仁兵也因此当选为中国抗癌协会眼肿瘤专委会候任主委，并在欧洲"Expertscape"发布的全球眼肿瘤专家排名中名列前0.2%。

贾仁兵担任临床医学八年制的班导师，带领同学们从课堂理论教育走向理想信念教育。他为同学们讲述九院百年记事，在九院人奋斗的故事里、拼搏的印痕里、成功的乐章里，沉淀与传承九院精神。他说，"人格塑造比人才培养更重要。只有建立具有终极价值意义的信仰，养成自由、独立的理想人格，才能最大限度地激发人的内在动力与拼搏精神。"有一位本科生在一次讲座中被他"不忘初心，志存高远"的理念深深感染，报考了他的研究生。在研究生学习中，这位学生因为压力太大一度感到迷茫和困扰。贾仁兵便通过分享自身成长经历鼓励该生，唤起其内心自发的学习动力，使其真正从学习和研究中获得热爱和自信，使他坚定了成为一位"好医生"的信念，获得了自身的成长和学术的进步。

不负韶华、踔厉奋发，矢志开拓创新

贾仁兵常常告诫学生，"时间对每个人是公平的，人不怕不聪明，最怕不努力。唯有不负韶华、踔厉奋发，才能不断攀登。"他以身作则，在科研创新上孜孜不倦，以通讯或第一作者在 *Sci Adv*、*Genome Biol*、*Ophthalmology* 等期刊发表 SCI 论文 71 篇。主持 5 项国家自然科学基金，授权专利 8 个，实现成果转化 1 项。荣获国家科技进步二等奖（2018）、上海市科技进步一等奖 2 项（2012，2017）、教育部科技进步二等奖（2012），并获中国肿瘤青年科学家奖（2019）、上海市卫生系统银蛇奖（2013）等。他将荣誉看得很淡，并告诫学生们向前看，投身于有价值的研究。他所带教的学生柴佩韦博士毕业后，主动要求攻读博士后，继续深入探索眼肿瘤的发病机制，目前累计发表了12篇影响因子大于10的高水平研究论文，获得国家奖学金、上海市优秀毕业生和上海交通大学"榜样的力量"称号，入选上海市超级博士后，获中华医学会眼科青年学者奖。

贾仁兵主讲的"案例解码-临床研究探秘""创新：思维能力与方法"等课程，向同学们传递科研创新精神，每学期选课学生近200人。同学们纷纷表示，在贾老师的课堂里，学到了受益终身的创新理念。有同学评价道："从贾老师的临床研究探秘课程收获良多，遇到这么好的老师是最幸福的事！"

贾仁兵说："医学是一门继承、发展和创新的学科，已有的知识只是基础，只能带你们入门，未来还有很长的道路，需要你们从潜心思考中领悟、从实际工作中锤炼、从探索求知中发现，要立志做开拓创新的医学科学家。"

不忘初心、心怀仁爱，敬畏生命价值

贾仁兵在教学中始终坚持内生动力和职业价值教育。他教导学生们："医生是个救死扶伤的特殊职业，没有什么比对挽救生命的职业要求更高，因此要带着内心的热爱、责任心、价值认同感去学习、去研究、去工作、去追求。"

医者仁心，贾仁兵始终抱有对生命的敬畏之心。2022年上海新冠疫情暴发期间，他主动报名到抗疫第一线，在临港方舱医院负责九院医疗队的医疗条线工作，虽然颈椎受伤，但轻伤不下火线，戴着颈托继续工作，身体力行教育青年医生和医学生不忘初心，敬佑生命。在投身抗疫工作之余，他指导学生结合新冠疫情发表科研论文，在科研工作中体会国家生命至上、健康至上的抗疫理念，培养学生对生命价值的认同。

贾仁兵倡导并长期坚持在组会中开展人文学习，教导学生汲取丰富的文化和人文知识，培养学生既要有心静如水的沉稳，也要有悲天悯人的爱心，成为既有精湛技艺，又有丰富血肉的医生，努力成为全面的人、大写的人。他说："'胸藏文墨虚若谷，腹有诗书气自华'，同学们要将医学人文精神镌于内心、化于言行,增强尊重生命、救死扶伤、维护健康的医学责任感和使命感,成为病人发自内心尊敬的医务工作者。"

近20年来,贾仁兵始终秉持育人要育才、更要育魂的教学理念,牢记"饮水思源,爱国荣校"的校训,传承"博极医源、精勤不倦"的学院精神。他说,"是学生鞭策我努力成为更好的自己,也希望这样的自己能让学生成为更好的人。他时刻告诫学生,绝不能眼低手高,更不能眼高手低,既要仰望星空,也要脚踏实地,努力成长为眼中有光、胸中有志、腹中有才、心中有爱的灵魂医者。"

范存义：机遇不负有心者，星光永照赶路人

【名师名片】

范存义，医学博士，毕业于复旦大学上海医学院，师从华山医院顾玉东院士。目前为上海交通大学二级教授、博士生导师，上海市第六人民医院副院长、创伤骨科临床医学中心副主任，上海骨科新材料与修复再生工程技术研究中心主任。国务院特殊津贴获得者，国家重点研发计划和自然科学基金重点项目首席科学家，上海市优秀学术带头人、上海市领军人才。荣获全国抗震救灾模范、新中国成立70周年纪念章、国之名医、上海医务工匠等称号。担任中国医师协会手外科分会副会长、上海医师协会手外科分会会长、上海医学会手外科学分会前任主任委员等以及中华手外科杂志、中华创伤骨科杂志、*Microsurgery*、*Frontier in Neuroscience* 等国内外著名学术期刊编委。

【名师名言】

■ 对生命存有敬畏，把患者当成亲人——要成为一名"有温度"的医生。

■ 让学生成为栋梁，为祖国培育人才——要做一名"有追求"的老师。

■ 医者仁心，悬壶济世；敬佑生命，救死扶伤；甘于奉献，大爱无疆——要做一名"有信仰"的百姓健康守护者。

已有 34 年工作经验的范存义有着多重身份。作为国内肘外科方面的顶级专家,他引领着学科的建设与发展;作为科研工作者,他刻苦钻研、勇攀高峰,孜孜不倦地在科研领域耕耘;作为原六院东院的常务副院长,他带领近千人的团队攻坚克难、艰苦奋斗,守护着上海最东南角片区群众的健康和安全。但是,他最喜欢的还是"老师"这个称呼,因为老师可以为祖国的未来"传道授业解惑",将医学的责任与使命层层传递下去。

严于治学,他是学生眼中儒雅的老师

范存义担任了多年的骨科教学主任,他秉持着"医学是今天,教育是明天"的理念,积极开展各项工作。

"学知识就像盖楼房,学好基础知识就像打好地基一样重要。"作为上海交通大学医学院本科阶段"诊断学"和"外科学"骨科部分的授课教师,范存义非常重视基础课程的教学,每节课前他都精心准备,尽可能丰富授课内容,把教学课件、病例分析、现场演示、小组讨论等多元教学形式进行组合,从而将骨科的基础理论知识、常见病的诊断及处理原则、临床技能和基本操作生动形象地展现在学生面前。

范存义不断探索多种教学方法相结合。"每一个学生的特点我都记得,教不同的学生有不同的方法。正所谓因材施教,这些小树苗才能苗壮成长。"PBL是一套设计学习情境的完整方法,也称作"问题式学习",范存义教授负责的"What happened to my elbow"课程获得上海交通大学医学院 PBL 大赛优胜奖。另外,他还采用启发式教学,开创性地将具有上海六院特色的显微外科选修课搬进本科生讲堂,培养学生对显微外科的兴趣。在理论学习之余,范存义还注重加强学生临床和科研能力的锻炼,带领实习的同学到患者床旁进行问诊、体检、诊断、鉴别诊断活动,手把手教同学检查与操作的正确姿势。

育人育德,他是学生心中的灯塔

2008 年"5.12"汶川地震发生后,范存义作为医疗队长,带领十八名勇士空降映秀镇,成为第一支到达重灾区的医疗队。为了能早一分钟到达前线,他在凤凰山军用机场积极与各方协调联系,要求空降重灾区。到达映秀镇后,发现情况比想象的还要严重。范存义要求每位队员践行"一不怕苦,二不怕死,连续作战"的精神,真正做到"平时看得出,困难面前站得出,危难关头豁得出"。他凭借高尚的医德医风、精湛的医疗技术和果断的应变能力冲在最前面——抢救现场有他的身影,巡回医疗的山路上有他的足迹,消防官兵的医疗救治中有他的汗水……在课堂内外,范存义经常讲述这一段亲身经历,并以此来告诉学生要勇于承担社会责任,在祖国需要的时候挺身而出。

范存义非常重视学生正确价值观的培育。他始终以身作则,坚持"仁爱、敬业、诚信、创新"的院训,视病人为亲人,秉承"爱岗敬业、严谨求实、开拓创新"的治学理念,注重学生素质与人文的培养。为此,他带领学生积极参与各类大型义诊、公益活动,包括"杏林春暖、健康思南"医学院学雷锋义诊活动、援建西藏自治区日喀则市、援建新疆自治区喀什市等。

范存义始终将导师顾玉东院士对医务工作者的要求牢记心间。"人品端正、处事公道、积极进取、把病人当亲人,不计个人名利",他把导师的教诲融入工作中、课堂上,在"大医精诚"论坛讲述"医学生职业生涯规划",为交大本科生带来"我的医路人生——做一个有温度的医者"主题报告,用丰富的学识和临床经验为学生传道、授业、解惑,用温和而坚定的声音一次次帮助学生进行职业规划,并用实际行动告诉学生要对生命存有敬畏之心,把患者当成自己的亲人,成为一名"有温度"的医生,而这份赤诚与执着,激励着一批又一批学生走上工作岗位,为更多患者服务。

硕果累累,他是辛勤耕耘的园丁

一片丹心育桃李,三尺讲台写春秋。在范存义的精心培养下,共有 60 名博士后和博士、26 名硕士顺利毕业,他们也逐渐成为社会和专业领域的中坚力量。在他们当中,目前有正高 6 人、副高 11 人,其中博导 5 名、硕导 7 名;得到国家和省部级人才计划支持的有 14 人,他们还在国家级学术分会中担任职务。培养的学生活跃在国际、国内学术舞台：获得国际先进材料大会（瑞典）最佳口头报告奖、国家和省部级学术会议"中青年论文竞赛"一等奖以及 6 项国家发明专利。时光不负有心人，星光不负赶路人。在他的指导下，学生获得国家自然科学基金重点和面上项目、上海市科委项目等省部级以上课题 20 余项，发表 SCI 论文 212 篇，其中大于 10 分的论文 26 篇，累计影响因子 1 162 分，Web of Science 检索发表肘关节功能障碍相关论文数排名全球第一。在他的影响下，学生们获得上海市青年五四奖章，获评上海市优秀共青团干部等，并多次获得国家级奖学金和优秀毕业生等荣誉。

不忘初心，他仍然努力工作、斗志昂扬

已在岗位上辛勤耕耘了 34 年的范存义从未忘记自己从医时的初心与使命。他长期从事临床工作，先后救治患者超过 30 万人次，特别是在肘关节功能障碍及周围创伤治疗和研究方面，其独到的理论与实践开创了我国肘关节疾病精准诊疗的新时代，受到国际同道高度肯定，得到央视十套"科技之光"的报道，成果推广到国内 25 个省市、16 个国家，为更多患者带来了福音。作为"上海骨科新材料与修复再生工程技术研究中心"主任，他在骨科领域"卡脖子"关键技术难题领域取得了显著成绩。"还可以做得更好"是他的口头禅，而这股钻研的劲儿也诞生了累累硕果：以第一完成人获得国家科技进步二等奖、高等学校科技进步二等奖、中华医学科技二等奖等奖项，获得国务院特殊津贴、入选上海市优秀学术带头人与上海市领军人才、获得建国 70 周年纪念奖章等。研究成果多次被写入《坎贝尔骨科手术学》等国际经典教科书和国际指南，受到骨科顶级期刊 JBJS 主编邀请做整体技术报道。

2012 年，按照上海市委市政府"5+3+1"工程的统一部署，范存义来到距市中心 78 公里的临港新城滴水湖畔，开创了六院东院（现为六院临港院区）建设发展的新征程。他带领干部职工克服了交通不便、配套不足等诸多困难，以院为家，锐意改革，在多个方面取得了显著成绩：蝉联两届上海市文明单位、上海市卫生计生系统文明单位，并荣获上海市五一劳动奖状。2020 年，突如其来的新

冠肺炎疫情席卷大地,范存义作为疫情防控指挥部总指挥,科学施策、精准施治,筑起浦东东南片区疫情防控的堤坝,守护着自贸区临港新片区的安全。2021 年 2 月 3 日,六院东院整建制并入市六医院,开启了高质量一体化发展的新征程。功夫不负有心人,如今的六院临港院区已逐渐成为上海东南片区域医疗中心,成为上海临港地区招商引资的靓丽名片,为南汇新城迈向高质量发展新阶段、临港新片区建设成为独立综合性节点滨海城市保驾护航!

十年树木,百年树人,躬耕教育,我心不悔。范存义任劳任怨,无私奉献,用实际行动践行了白求恩精神,取得了丰硕的成果。作为一名老师,他更是甘愿做一名提灯人,在浩瀚的医学海洋中为学生们的前行点亮方向!

"教书育人奖"集体奖

一等奖

船建学院学生就业引导工作团队：
与祖国同行，为强国育人

【名师名片】

　　船建学院面向国家战略需求，坚持将就业引导成效作为对人才培养达成度的重要检验，构建以就业引导为牵引的"三全育人"培养体系，将就业引导的目标和理念融入招生—培养—就业全链条多环节，针对不同阶段学生特点和成长规律，不断提振学生"精气神"，锤炼学生"真本领"，树立职业规划"坐标系"，引导学生树立投身行业的使命担当。学院党政班子、学科负责人抓总研究，学工办牵头推进，院领导、思政教师、班主任、研究生导师、行业导师、杰出校友多方联动关心学生就业的工作模式成效凸显，毕业生赴国家重点行业、关键领域的人数稳步增长，一批优秀毕业生在行业内快速崭露头角、勇担重任。

【团队名言】

　　■ 就业引导成效是对学院人才培养达成度的重要检验。

　　■ 为国家重点行业培养卓越创新人才既是学院人才培养总目标也是全体船建人的使命担当。

　　■ 一分希望，百倍努力，让更多优秀的船建学子选择一个专业，深耕一个行业，成就一番事业。

2022年9月,船舶海洋与建筑工程学院学生就业引导工作团队获得了上海交通大学"教书育人奖"一等奖,对于全体船建人来说,这个荣誉既是肯定和鼓励,更是期待与鞭策。

近5年来,船建学院学生就业引导工作团队紧密围绕学校、学院人才培养目标,以服务国家"海洋强国"和"交通强国"战略为导向,针对传统工科专业学生"进校就想转专业、毕业就想换行业"的痛点问题,从国家战略需要、行业发展前景、学生个人成长等多维度分析痛点背后的堵点,根据学生不同成长阶段的规律,从培养全周期多环节综合施策,构建"以就业引导为牵引的三全育人工作体系",不断砥砺家国情怀,增强专业认同,坚定行业就业目标。

对接国家战略需求,构建三全育人工作格局

作为一个行业特色鲜明、国家战略需求明确的学院,船建学院学生就业引导工作团队一方面深知国家和相关行业对高质量人才供给的需求,另一方面又面对学生择业诱惑比较多、受到热门专业和行业冲击比较大、学院整体培养规模比较小等导致学生行业就业的规模堪忧的现实问题和困难。为应对上述困境,船建学院深刻认识到在尊重学生个性发展和选择的前提下,将更多品学兼优的优秀学子输送到国家重点行业关键领域工作是"为谁培养人、培养什么人"的核心问题。就这个问题,学院充分研讨并形成广泛共识:就业是对人才培养目标达成度的重要检验,就业引导工作应成为学院育人工作的指挥棒,学院因此旗帜鲜明地将"为行业培养卓越创新人才"作为学院人才培养总目标。

船建学院学生就业引导工作团队坚决贯彻落实以价值引领为核心的"四位一体"育人理念,坚持全员、全过程、全方位育人工作模式,把思想价值引领贯穿于教书育人始终,回答"为谁培养人"的根本问题。学院出台并完善船建学院"专业教师参与学生思想政治工作的指导意见""以就业引导为牵引的三全育人体系的二十条工作举措""岗位年薪制实施方案"等相关制度,全校首批聘用专业教师担任兼职思政,构建教学、科研、思政等多条线联动的就业引导工作团队,形成教学科研与思想政治工作紧密结合、同向同行的育人格局,形成了学院领导

主抓、学工系统组织、专业教师投入、杰出校友助力的三全育人培养体系,更是涌现出了全校首批"就业引导名师"。

把握学生成长规律,多层次、分阶段布局就业引导

船建学院学生就业引导工作团队在工作中始终牢牢抓住学生的"拔节期""灌浆期""成熟期",精准施策以解决学生培养各阶段中的突出问题。

建立行业"初印象",构建职业规划"坐标系"。针对低年级同学专业志趣不坚定的问题,学院打造见人、见物、见情怀的沉浸式课堂,着重培养学生家国情怀和专业志趣。建设院史院情馆,营造"大师在身边、重器可触摸、情怀有载体"的环境育人氛围。书记院长第一课深挖院史中的红色资源,培养学生爱党爱国,为民族复兴而努力读书的理想信念;讲好校友榜样专业报国的感人故事,培养专业自豪感、报国使命感。打造"海洋情怀·强国梦想"行业教育系列报告会,邀请大国重器和重大工程总师讲述重大工程背后的故事,建立行业"初印象",提振"精气神",初步构建职业规划"坐标系"。

探究行业"真问题",激发投身专业"真兴趣"。针对高年级同学渴望学习新知识新技术的需求,团队开展教学供给侧改革,为"灌浆期"同学夯实专业基础、拓宽知识面、提高实践能力。针对课程体系陈旧,学生获得感不强的问题,团队瞄准学科前沿,融入新技术新理念,重塑课程体系。打造PRP、大创、学科竞赛等进阶式专业实践教育培养模式,实现在校本科生实践教育100%全覆盖。围绕行业前沿方向构建"课赛研"融合育人体系,创建"课赛融合、以赛促学"的育人模式,教授带领学生探索行业发展前沿,聚焦"真问题"锤炼"真本领",进一步激发学生学术志趣,帮助他们提升专业认知、厚植行业情怀。以船海学科为例,2021年选择到中船集团各研究所就业的学生中,100%参与过科创竞赛,在深度参与科创项目的过程中,高年级本科生、研究生参与高水平学科竞赛,提高了科研实践能力。

一睹行业"新面貌",坚定职业发展"好选择"。针对以往课程实习容易强化行业刻板印象的问题,团队深挖行业资源,优化对实习实践环节的设计和组织。

院领导、系主任、大教授亲自联系、策划、带队，前往中船、中交、中建等大型央企，在 055 大型驱逐舰、LNG 船、远望号、港珠澳大桥、深中通道等超级工程一线，邀请院士、总师、总工等行业专家亲自为学生进行讲解，将完成任务式的走马观花"打卡游"升级为大师领航"深度游"，扭转行业刻板形象，强化专业自豪感，引导学生完成"要我去"到"我要去"的转变，将学生朴素的爱国热情具象为立志投身行业、兴海报国的使命担当。行业认知活动覆盖全体学生，连续五年蝉联上海市"知行杯"特等奖。

精准推荐"长信心"，托举助力事业"高起点"。针对毕业生个人资源有限导致对职业发展定位不高，信心不足的问题，学院鼓励研究生导师、学术大咖、行业校友等深度参与人才培养全过程，提供专业资源和平台，长周期关注学生发展，通过精准推荐和持续培养，坚定学生职业规划及选择，助力更多优秀学子事业发展拥有"高起点"。

深化关键部门岗位布局，加强大厂大所深度联结

在团队的不懈努力下，船建学院的就业引导工作呈现出令人欣慰的局面。学院加强谋划和布局，以中船集团为例，近五年前往总体所就业人数翻两倍并保持稳定规模，专业厂所就业多点开花并持续增长。在专业培养规模仅增长 8% 的前提下，重点行业就业人数增长了 34%，国防军工单位增长率更是高达 109%，越来越多的船建学子在与祖国同向同行中找到了自己事业发展的平台。

扎根行业专业报国的理想信念、坚实宽厚的基础知识学习、开阔的交叉学科知识拓展、来自行业真课题的科研训练及导师悉心指导，使得一批船建学院优秀学子进入行业工作后快速崭露头角，获得行业高度认可，大批优秀学子毕业后已经快速成长为企业骨干，部分杰出校友已在多个国家重点装备工程中担当重任。

与祖国同行，为强国育人，"有一分希望，就要付出百分努力"。让更多优秀的船建学子，选择一个专业，深耕一个行业，成就一番事业，就业引导工作团队一直在路上。

医学院附属瑞金医院临床病毒研究室：
不仅教书育人，还服务广大人民

【名师名片】

上海交通大学医学院附属瑞金医院临床病毒研究室承担交大医学院本科生、研究生的教学、临床及实习带教任务，同时开展各类病毒性疾病的诊断、治疗及研究，为掌握和预测我国呼吸道病毒感染流行趋势提供了科学依据。研究室负责人张欣欣不仅将教书育人体现在三尺讲台和实验室，更将其运用在保障人民健康的实践中。上海疫情发生后，病毒研究室始终坚持"人民至上，生命至上"，夜以继日奋战在抗击疫情前沿阵地，完成新冠病毒核酸检测超过 100 万人次，为打赢大上海保卫战作出了贡献。

【团队名言】

■ 教师的真正本领不仅在于讲授知识，更在于能否唤起学生的学习动力，让学生明白学习的意义。

■ 医学教育的使命就是培养合格的人民健康卫士。

■ 从事病毒的研究工作，能为临床提供支持，而相关研究工作者正是不可或缺的"幕后英雄"。

上海交通大学医学院附属瑞金医院临床病毒研究室成立于1979年,在医院各级领导的指导下,开展医疗、教学、科研等工作,特别是病毒性疾病(主要是肝炎病毒、艾滋病毒、呼吸道病毒、肠道病毒等)的实验室诊断、临床治疗及其相关发病机制的研究。承担交大医学院本科生(医学系八年制、医学系法语班、检验系等)、研究生的课堂教学、临床及实验室的实习带教任务。团队仅有15名成员(包括2名退休回聘技术员),其中5名党员勇挑重担,始终工作在岗位一线上。

检测质量是生命,生物安全是底线

检测质量是生命、生物安全是底线一直是临床病毒研究室多年的临床实验室管理理念。病毒室于2006年获得上海市卫监所"生物安全二级(BSL-2)实验室"备案凭证,先后通过卫生部临检中心(2006年)、上海市卫生局及上海市临床检验中心(2011年)临床基因扩增技术准入资质审核;2010年通过国家"ISO-15189医学实验室质量与能力"认可并顺利通过历次复评审;2020年2月获"上海市临床检验中心2019-nCoV病毒核酸检测能力验证"合格证书。

在科学研究方面,临床病毒研究室主要聚焦肝炎病毒、呼吸道病毒感染的诊断治疗及传染性疾病宿主易感性相关机制研究。在病毒性肝炎研究方面,着重从乙型肝炎病毒基因组、宿主遗传因素等角度入手,结合临床疾病转归和抗病毒治疗疗效等方面开展研究,牵头建立了国内最大样本乙肝病毒变异与耐药监测平台,对乙肝病毒HBsAg N-糖基化突变所导致的免疫逃逸、病毒准种演变对抗病毒治疗应答的影响等进行了系列研究,相关成果为提高抗病毒治疗应答提供可靠依据。同时,针对临床常见的不明原因的肝病患者,建立并开展了遗传代谢性肝病相关基因的鉴定平台,为诊断和治疗提供了重要技术支撑。在呼吸道病毒研究方面,结合临床检测,开展了常见呼吸道病毒的分子进化特征和病毒致病机制研究,为掌握和及时预测我国呼吸道病毒感染流行趋势提供了科学依据。新冠疫情暴发后,临床病毒研究室及时调整研究方向,与其他团队合作,对新冠病毒病的临床及流行病学特征、疫情发展预测、康复期患者血浆治疗方法、病毒变异及其对疫苗中和抗体的影响等进行了系列研究,为疫情防控提供了及时、重要的依据。

病毒室近三年来除了承担大量临床检测工作外,还发表相关 SCI 收录论文 40 篇,包括 *Lancet*、*Nature Communications*、*PNAS*、*JID*、*EMI*、*J Hepatol*、*Cell Discovery* 等。近十几年培养了一批青年临床研究型人才,迄今共有毕业研究生 41 名,其中博士研究生 30 名,硕士研究生 11 名,博士后 1 名。所培养的研究生分别获得上海市教委曙光计划、晨光计划、扬帆计划、国家自然科学基金青年基金等。2022 年病毒室所指导的 4 名研究生中,1 名博士生获评上海市优秀毕业生、1 名获评交大优秀毕业生、2 名本科生获评交大优秀毕业生。

挺身而出夜以继日,团结协作勇挑重担

新冠疫情暴发以来,在医院各级领导的支持下,临床病毒研究室迅速组织力量,基于开展多年的临床十五种呼吸道病毒核酸检测技术,及时建立了标准化的新冠病毒核酸检测实验室,成为上海市首批新型冠状病毒核酸检测单位。此后又按照上海市卫生与健康委员会的要求,于 2020 年 10 月,将新冠病毒核酸检测实验室升级为本市四家万人检测公共实验室之一。2022 年 3 月,上海出现新冠病毒 omicron 变异株导致的疫情,病毒室全体人员在医务处的直接领导下,与来自医院其他实验室的 13 名 PCR 持证人员,快速组成“瑞金医院新冠病毒核酸检测突击队”,并且制定了“瑞金医院新冠病毒核酸应急(大量)检测预案”。

新冠病毒核酸检测具有极强的时间要求,是一项与时间赛跑的特殊工作,国家不断出台新冠疫情防控措施,如应检尽检、愿检尽检、重点岗位人群全员检测、尽可能 6 小时完成检测报告等,且绝不能出错,这些对检测人员提出了更高的要求。为完成检测任务,临床病毒研究室全体动员,全力以赴,反复优化流程,提高检测效率,同时以时间换效率,实行每周 7 天工作制,以严肃认真的态度、娴熟精湛的技能,在完成日常肝炎病毒、艾滋病毒、呼吸道、肠道病毒检测的基础上,及时、准确地完成了新冠核酸的检测任务。2022 年 3 月至今,病毒室带领突击队员们,完成新冠病毒核酸检测超过 100 万人次,包括市卫健委大规模应急任务、嘉定区全员筛查、黄浦区社区卫生中心新冠闭环管理内的隔离点人员、交大系统

员工、交大医学院系统、华师大全体员工、市公安系统职工、方舱隔离点,以及瑞金医院全院职工核酸检测、每日发热门诊及住院病人筛查等,病毒也因此成为上海疫情防控的重要基石之一。

临床病毒研究室全体人员,在继续做好本科生、研究生的指导与带教工作的同时,为守护人民健康贡献应有之力。

"教书育人奖"集体奖

二等奖

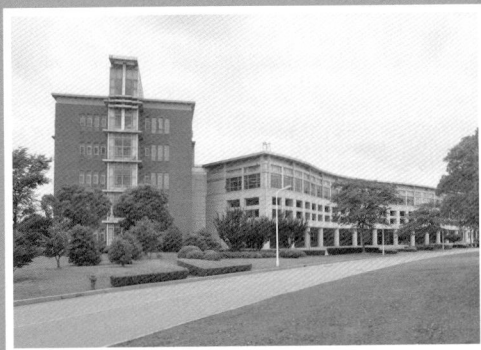

大学物理教学团队：夯基实以攻坚，传身教成栋梁

【名师名片】

物理与天文学院大学物理教学团队汇聚了国家级教学名师、宝钢优秀教师、上海市育才奖获得者、唐立新教学名师等 20 余位优秀教师，成员多次获上海市优秀教学成果一等奖，校教学成果特等奖、一等奖等奖项。团队持续推动课程建设和改革，1 门在线课程获评国家级精品在线课程，主持完成了多项教改项目，发表多篇教学研究论文，指导的学生在全国部分地区大学生物理竞赛中脱颖而出。

【团队名言】

■ 教学中要注重培养学生的学习兴趣和创新意识，培养学生的科研能力和综合素质。

■ 教师要掌握扎实的基础知识，谙熟教学规律，善于启发教育，因材施教。

■ 教学中要注重理论与实际的联系，要鼓励学生多提问题。

■ 在教学上教师需倾注极大的热情和精力，对学生要充满关爱。

上海交通大学"大学物理"课程教学历史悠久,素有交大"霸王课"之称,是全校覆盖面最广、教学人数最多的课程之一,每学年有6 000余名本科生修读此类课程,而大学物理教学团队正是这个"霸王课"背后的重要支撑,是上海交通大学物理与天文学院教书育人的王牌团队。经过该团队几代人的建设与发展,"大学物理"已成为国家级精品课程。团队成员秉持老交大"起点高、基础厚、要求严、重实践、求创新"的办学传统,在新时代教书育人的第一线不断书写精彩华章。

名师在左,教材在右

大学物理教学团队同时也是国家级和上海市教学团队,拥有顶尖的教师配置。负责人袁晓忠教授,协同胡其图、李铜忠、董占海、刘世勇、冯仕猛、李翠莲、吕智国、李向亭、刘当波、顾志霞、王先智、缪毅强、黄昕、向导、朱卡的、李晟、叶芳伟、袁璐琦、马金贵、郑浩、严智明等20余位名师共同授课,其中国家级教学名师1人、国家杰出青年科学基金获得者1人、国家优秀青年科学基金获得者2人、上海市"千人计划"2人、宝钢优秀教师1人、上海市育才奖获得者2人、唐立新教学名师5人,20年以上教龄的资深教师共有15人,强大的教师团队为"大学物理"课程教学提供了重要保障。

为满足各专业学科需要,团队不断推进教材建设,努力提升教学质量,并根据不同专业学生的基础情况不断调整完善教材内容,做到因材施教,先后出版了7套教材:《大学物理教程》《大学物理》《大学物理教程(简明版)》《大学物理学》《大学物理教程(第四版)》《新工科大学物理》《医用物理学》。其中5套隶属于国家"十一五""十二五"规划教材,累计发行超过20万套。《大学物理教程》在2015年获评上海普通高校优秀教材奖,由胡其图老师负责修订;程守洙、江之永主编的《普通物理学》第七版,上下册皆荣获首届(2021年)全国教材建设奖和国家级优秀教材二等奖,这些教材对国内众多高校的大学物理教学产生了深远影响。

团队成员在教学中分工明确,设立了包括"大学物理导论""大学物理

A(1)"（力学与热学）、"大学物理 A（2）"（电学与光学）、"大学物理 A（3）"（量子物理）等基础课程。团队老师根据每一届学生情况，有机灵活调试，以求在物理学习中科学合理地带动学生在深度和广度上由浅入深地取得进步，同时，为进一步提高学生对当代科学的把握性和敏锐度，教学团队将最新科技成就、科学探索、相关领域科学家的创新观点融入教学中，拓宽物理在化学、生物、信息科学等学科和技术的融合边界，极大地提升了物理学习的吸引力。很多工科学生表示"大学物理"教学非常贴合专业需求，在帮助他们培养物理思维的同时，也为专业课程的学习打下坚实的基础。

线下教学线上辅助，校内开花校外生香

为进一步拓宽教学空间，在传统线下教学的基础上，大学物理教学团队不断细化线上教学工具。在校内平台，团队不断模拟实体化授课功能，全方位完善教学资源的供给方式，创建研究性学习研讨小组，跟踪学生作业完成情况，设计合理便捷的成绩评定和成绩统计系统，最大效率地整合教、学、考、评等资源。在校外平台，团队累计开设 5 门在线课程，打破高校有形之墙，突破学科壁垒，为广大有志于了解物理学科的学子们打开一扇知识之门。平均每年有 1.6 万师生受惠线上课程，我校师生以及清华大学、浙江大学、东南大学等 132 所高校共计 3 万余名师生先后注册在线课程并完成学习。团队还依托上海交通大学国家工科基础课程物理教学基地开发网络辅助教学系统，协助教师开展教学工作，帮助学生强化巩固知识。信息技术与教育教学深度融合的研究和实践的工作于 2021 年荣获上海交通大学教学成果特等奖，2022 年荣获上海市优秀教学成果一等奖。

线下教学中，"大学物理"坚持多媒体与传统板书相结合的课堂教学模式，同时为支撑全校"大学物理"课程、物理与天文学院基础课程演示实验教学，团队开发引进了大量演示仪器和模拟软件，其中有 4 件演示仪器荣获得全国一等奖。2017 年到 2019 年间，为保障学生实验需要，团队对物理演示展示厅进行了升级改造，以每周 3~4 次的频率进行开放，在学生中受到广泛欢迎。

值得一提的是，团队成员、上海交通大学"教书育人奖"一等奖获得者董占

海在慕课平台的辅助下,开创了别具特色的黄金分割教学模式。他坚持"台阶型问题串""知识颗粒化"和"教法优化"原则,对教学内容进行重构、挤压和设计,秉持"易化物理准则""刺激感官准则"和"寓教于乐准则",充分利用课堂互动时间,提出教学效果评估的五个维度,不断提升授课质量。2016年,这项改革荣获上海市优秀教学成果奖一等奖,为大学物理教学团队以点带面、锐意创新的教育风气开创独特的增长点。

因材施教课程改革,立德树人打造金课

近年,受高考改革影响,不同学生参差不齐的物理知识储备给"大学物理"的教学带来了挑战。2019年,教学团队条分缕析、迎难而上,开始进行大学物理教学改革,针对各类学生制定适合的课程内容和人才培养模式。通过分级考试排摸新生物理基础,对取得不同成绩的学生安排适用内容有异的"大学物理"课程,经过3年的不断实践,课程改革普遍提高了学生的水平,取得了良好的教学效果。

二十世纪以来,量子力学在物理学各分支中的应用带动物理学研究在深度和广度上不断取得进步。为更好地发展新工科,适应量子科技发展的形势,团队2021年开始进行课程体系改革,出版新教材,增设2学分量子力学教学实践,惠及1000多位学生,促进学生深度学习,为其更深一步的专业发展奠定良好的基石。

团队落实立德树人根本任务,精心设计大学物理电子教案,组织教学沙龙,分享教学方法、提高教学水平、加强课程思政建设,在专业课程中有机融入科技报国、实业报国的思想和理念,使学生不但获得系统的基础物理知识,同时在课堂学习中形成正确的人生观与价值观。

在全体成员的同心协力下,师生群体力创辉煌。2021年,吕智国在指导"驱动量子比特系统的几何相位"项目中表现突出,被评为"2021年度大创优秀指导教师",其指导的大三本科生刘思江在IOP期刊发表论文,荣获2021上海交通大学十佳创新项目。团队教师带领学生参加物理学术竞赛,多次荣获包括全国一

等奖、上海市特等奖等奖项,在 2021 年第 38 届全国部分地区大学生物理竞赛中,带领学生共获得特等奖 1 项、一等奖 15 项、二等奖 53 项、三等奖 57 项,在上海赛区遥遥领先。

师传身授,吐哺育人,大学物理教学团队用热爱点亮基础学科的教育之路,用实际行动践行"立德树人、教书育人"的根本宗旨,将始终坚守初心,砥砺前行,为教育事业贡献交大物理人的智慧和力量。

医学院口腔医学院团队：
培养有灵魂的卓越口腔医学创新人才

【团队名片】

　　口腔医学院团队在蒋欣泉教授的带领下，坚持立德树人、潜心教书育人，为培养口腔医学创新人才凝心聚力。育引并举，打造一流师资团队，获交大教学成果特等奖、宝钢教育特等奖；多位一体促进教改，获批国家级一流课程及教育部首批虚拟教研室，主编课程思政指南及国家规划教材，获全国教材一等奖；科教协同，以重大科研项目及平台反哺教学，学生获国家优青、交大优博论文、国家级大创项目等；借助国际化平台，引进优质资源，聚焦国际化人才培养；师生同心抗疫，彰显责任与担当。

【团队名言】

　　■ 培养德才兼备、科学精神与工匠精神并举、具有国际化视野、有灵魂的卓越口腔医学创新人才。

　　■ 强化"厚基础、强实践、重转化、塑规范、融国际"的"精品化"卓越口腔医学教育。

　　■ 产学研医协同发展，打造国内领先的医教平台，为学生全面发展保驾护航。

　　■ 让有创新能力的教师与有创新精神的学生密切互动，教学相长，促进教学改革。

上海交通大学口腔医学创建于 1932 年,是国家"双一流"建设学科、国家"211"工程重点学科、国家一流本科专业建设点、上海市"高峰"学科和上海市"高水平地方大学"建设学科,并在 2021 年及 2022 年"软科中国最好学科排名"中稳居榜单第 2 名。九十年栉风沐雨,几代口腔人呕心沥血、薪火相传,秉承培养德才兼备、科学精神与工匠精神并举,具有国际化视野、有灵魂的卓越口腔医学创新人才的理念,为践行"立德树人、教书育人"的教学改革宗旨荟群英、施教化。2020 年上海交通大学口腔医学院作为二级学院开展实体化建设,教学团队凝心聚力、踔厉奋发、成绩斐然。

育引并举,打造高水平师资队伍

团队拥有专任教师 229 人,高级职称占 86.5%,含硕导 63 人,博导 71 人。由院士领衔,长江学者、国家杰出青年科学基金获得者等为中坚力量、"四青"人才为骨干的教学团队中包括中国工程院院士 2 名(分别为上海市教育功臣、上海市"四有"好教师)、国家级人才 14 人次。2019 年至今,口腔医学新增国家级人才 4 项,省部级人才 43 项。2020 年全职引进世界顶级口腔临床研究专家 Maurizio S. Tonetti 教授,2021 年获科技部高端外国专家引进计划及全球唯一 Robinson 牙周再生奖,在《经济学人》杂志发表封面文章,牵头国际口腔种植指南共识的制定,同时,也将国际化教学引入到该团队的人才培养理念中。

团队始终将师德师风建设与评价放在首位,激励广大教师胸怀"国之大者",潜心教书育人。近年,该团队以加强教学管理中的意识形态工作为师资队伍建设的重点工作,与党委教师工作部协同,通过全员培训抓师德师风建设工作;发挥先进典型示范引领作用,院士、终身教授带头,进行思政和人文教学激励团队建设,并亲临课堂授课,构建思政教学工作示范队伍,做到四个"统一",当好学生成长的引路人。2021 年该团队口腔颌面外科学系、口腔虚拟教研室获交大首届优秀教学基层组织表彰。

团队不遗余力,每年投入 500 万元用于组织、建设、考核教学激励团队,发挥首席教师、骨干教师、教学型医师的引领作用,并以培养青年教师成长为重要考核内容。学院拥有 12 支院级教学激励团队及首席教师、8 名教学型医师,并通过教师沙龙及特色培训助力教师的教学改革与创新,让有创新能力的教师与有创新精神的学生密切互动,教学相长,使团队以创新能力培养为导向的教学目标得以彰显。近 3 年,团队教师获宝钢教育奖优秀教师特等奖、市级育才奖、上海交通大学教学成果特等奖、全国及上海市高等医学院校青年教师教学比赛奖,获得中华口腔医学会口腔教育专委会教师比赛等相关荣誉 20 多人次,发表教学论文 30 余篇,指导本科生、长学制、研究生及规培医师参加各级各类竞赛获奖,获大创项目 34 项,其中本科及研究生 16 人获上海市优秀毕业生,规培医师 11 人获上海市优秀规培医师。

立德树人,融思政、人文于专业课程

特色课程思政建设:该团队设 13 个教研室,共承担口腔医学 20 门必修整合课程、11 门选修课程和临床医学 1 门必修课程。团队教师本着"所有课程都具有传授知识培养能力及思想政治教育双重功能,承载着培养学生世界观、人生观、价值观的作用"的教育教学理念,坚定不移用习近平新时代中国特色社会主义思想铸魂育人,不断推进专业课程教学与思政育人融合的"六个一工程":主编一本《口腔医学专业类课程思政指南》;出版一本国家规划教材《口腔医学人文》;院士、终身教授牵引,建设一个交医特色的口腔医学人文课程体系;成功举办医学人文教学能力建设研修班;牵头发布一篇《推进口腔医学人文教育》专家共识;交医首个教育系统关工委工作室"邱蔚六工作室"成立,为医学生成长把稳人生之舵。

抓牢课程为本要素:课程是人才培养的核心要素,团队重视以目标为导向的专业课程规划和创新设计,通过整体规划、逐级建设,近 3 年立项 12 项各级各类课程建设项目,其中包括国家虚拟仿真实验教学一流课程 1 门及国家级线下一流课程 1 门、上海市教委本科重点课程 2 门、上海高校外国留学生英语授课示范性课程 1 门,2021 年获教育部首批虚拟教研室建设试点 1 项,充分体现团队坚持知识、能力、素质有机融合的课程目标,鼓励各教研室创新教学方法,积极引导学生进行探究式与个性化学习。

打造精品教材：教材建设是铸魂育人的有力载体。3年来，团队出版主编国家级规划专业本科教材4本、研究生教材1本，专业教学参考专著15本，张志愿院士主编、张陈平教授共同副主编的《口腔颌面外科学》（第8版）在保持原教材优势和特色的基础上，结合长期的教学实践，夯实新知识新观点，获首届全国优秀教材（高等教育类）一等奖。

严谨治学，坚持守正创新的学术品格

团队充分发挥在重点研究方向的技术创新特色和优势，积极投身国家科技创新体系建设，近3年承担了包括国家重点研发计划课题、国家基金委创新研究群体项目、国家优秀青年基金项目、国家自然科学基金委重大研究计划培育项目/课题、国家自然科学基金委重点项目、国家自然科学基金重点国际合作项目、中国工程院战略咨询项目等在内的多个支撑国家创新体系的重要科研项目，发表了一批高水平科研论文，获得国家科技进步二等奖、教育部科技进步二等奖及上海市科技进步一等奖等科技奖励12项。

在一系列重大科研成果产出的同时，团队以"科教结合协同育人"为宗旨，积极探究新的教学模式，因材施教，紧紧围绕口腔医学学科的特点，一方面，在课程教学中融入学科前沿知识，另一发面，学生作为主力军直接参与高水平原创性研究，在重大项目的科研实践中培养学生的科学思维与科学精神，深化人才培养模式改革，努力培养创新型人才。近3年，学生50多人次在中华口腔医学会等组织的学术交流大会上荣获创新成果奖、创新性研究论文等奖项，充分体现科教协同育人成果。

加强合作，聚焦国际化人才培养

团队克服疫情影响，通过各种形式深化国际合作，并取得了突破性成效。2021年，团队负责人当选国际口腔修复医师学会（ICP）主席；2023年上海将首次举办 ICP 世界大会;建设 6 个国际口腔医师培训中心/基地,与 40 余家境内外知名高校和机构签订合作协议,提高团队的国际声誉和全球化合作与发展。

团队鼓励学生踊跃参加国际会议,近 3 年,学生屡次在 IADR、ICP 等国际会议上荣获青年学者奖等奖项,在世界舞台上展示中国学子风采。

抗疫有责,师生同心彰显大爱

2020 年以来,团队经受了重大战"疫"考验。教师驻守科教园区、建立关爱热线,保证园区零感染,并身先士卒,奋战在抗疫一线。团队的导师们担负起第一责任人的重任,为学生排忧解难。导师们纷纷建立关爱热线,倾听学生学业、科研及生活上的困难和需求,并提供帮助,缓解学生的焦虑和不安;为学生顺利开展学习、科研保驾护航,线上指导论文写作,严格把控毕业论文质量。

学生积极响应志愿者招募,50 余名学生志愿者闻令而动,莘莘学子即刻"变身"大白,出色完成核酸采样任务。交大口腔学子勇敢担当,诠释了"选择了交大,就选择了责任;选择了医学,就选择了奉献"的初心。

上海交通大学口腔医学院口腔医学创新人才培养团队以"立德树人、教书育人"为信念,育引并举汇聚师资人才、以德施教促进教学改革、科教协同助力人才培养、加强合作搭建国际平台、同心战疫守护医者初心,为卓越口腔医学培养创新人才贡献力量!

仁济医院妇产科教学团队：秉持仁爱之心，铸就医学梦想

【名师名片】

仁济医院妇产科作为交大医学院妇产科学系的系主任单位，长年承担医学院多门妇产科相关课程的教学任务，每年理论及临床带教超过500课时。团队共有临床教师69人，其中高级职称29人，硕士以上学历逾95%。近年来牵头推进生殖系统整合教学改革，创新提出3"O"教学理念及"BLOOM"立体教学体系，现已建设成为国家一流本科课程(线下课程)、教育部课程思政示范课程、国家级精品课程、国家级精品视频公开课，主(副)编国家级规划教材10余部，曾获上海市优秀教学团队、上海市高校优秀教材奖、上海交通大学优秀基层教学组织及上海交通大学教学成果奖一等奖等多项荣誉，团队成员教师曾获教育部课程思政教学名师、上海市教书育人楷模、上海市高校名师奖、上海市育才奖、上海交通大学凯原十佳教师及"佳和"优秀教学奖及教学新秀等称号。

【名师名言】

■ 建设一门以"爱"为纽带的临床专业课程，培养有医术、有灵魂、有温度的卓越医学创新人才。

■ 我们学医的人有两位老师，一位是教你医术的老师，另一位就是病人。所以一定要尊重和善待每一位病人。

■ 教育如果没有情感、没有爱，就如同池塘没有水一样。没有水就没有池塘，没有爱就没有教育。

仁济医院妇产科教学团队长期承担交大医学院妇产科学的相关教学任务，作为医学院妇产科学系的系主任单位，秉承"严谨治学、立德为先"理念，坚持教书和育人相统一，始终将"爱的教育"作为医学教育的灵魂，创新提出3"O"教学理念（Open your mind，Open your hand，Open your mouth）及"BLOOM"立体教学体系——培养临床综合思维能力（Brain）、融入人文情怀（Love）、加强操作实训（Operate）、丰富教材体系（Observe）、深化双语教学（Mouth），对标"金课"标准进行课程建设，提升医学生临床胜任力及人文素养。团队以建设一门以"爱"为纽带的临床专业课程为己任，着力培养"眼中有光，胸中有志，腹中有才，心中有爱"的卓越医学创新人才。

多路径落实"大思政"育人理念

团队通过多路径落实"大思政"育人理念，建设一门"以学生为中心、以爱为纽带"的专业课程：① 打造了一支有理想信念、有道德情操、有扎实学识、有仁爱之心的师资队伍。在每学期的集体备课中，均设置"课程思政"讨论专题，分享经验，定期组织骨干教师参加培训，加强全体教师育人理念。② 增设"妇产科学中的人文素养及医患沟通技巧"理论课，以社会热点和临床案例的形式传递"仁心济世"理念。③ 理论教学"育人"环节：开展"妇产科课程思政优秀素材评选"等活动，建立课程思政素材库，收集素材30余个，供医学院附属8家医院妇产科教学使用，将其自然融入理论授课中，相关成果获交大医学院临床课程思政竞赛一等奖。④ 实践教学"育人"环节：结合教学查房、小讲课等活动，强调患者隐私保护等人文理念；医者仁心如何体现在每一个临床细节和决策中；展示医患沟通技巧，融入人文情怀。⑤ 每两周举行一次"医学人文读书会"，由医学生轮流自选一本医学人文相关书籍，结合自身临床体会与大家分享，通过这种轻松、愉悦的方式，用文学传递"温度"，深挖育人厚度。每期会后，团队都会赠书给分享者。

仁济医院妇产科每年承担上海市约四分之一的危重孕产妇救治工作，作为临床教师，团队的每一名成员都肩负着"教师+医生"的双重身份，他们言传身教，以行育人，将医者仁心代代相传。自 2020 年初出现新冠疫情以来，团队始终坚持贯彻习近平总书记"人民至上、生命至上"的要求，在临床一线勇担重任，全力以赴救治每一位患者。在仁济南院成为新冠定点医院以后，团队成员承担了繁重的临床任务，组织救治了多位新冠感染危重患者，还有多名医生奔赴方舱等抗疫一线承担救治任务。抗疫临床一线正是绝佳的"教学课堂"，榜样的力量远胜于说教。医学生们在老师们的一言一行的感染下，也积极投身抗疫志愿者队伍和临床一线工作，同时也更坚定了报效祖国、服务社会的信念。

教学改革是落实立德树人、深化人才培养的土壤

建设一流医科大学，培养一流医学人才，必须建设一流医学课程体系。该团队通过器官-系统课程改革将女性生殖系统进行整体呈现，既有横向（与其他临床交叉学科）和纵向（基础理论与临床知识）的立体整合，也有医学与人文的融合，强调"授人以渔、因材施教"的教学理念，激发和鼓励医学生独立思考和自主学习。将理论大课"化整为零""化简为繁"，精心选取部分理论大课设计成 PBL、CBL 小组式讨论课，科学"增负"，提高医学生学习主动性和参与度，培养终身学习能力。

团队录制了超过 2 500 分钟的高清线上课程，打造线上线下混合式教学模式。临床教学中融入精心改良的教学方法，如"以真实病例为模本的床边 PBL"、学生自定主题的双语"talk show"、基于 OSCE 及 Mini-CEX 理念的见习教学，以及点单式教学、辩论式教学、台上教学等创新教学手段，有效提升医学生的临床思维能力，根植人文情怀。近 3 年先后培养国家奖学金 1 人、上海市优秀毕业生 3 人、上海交通大学优秀毕业生 6 人、上海市优秀住院医师 3 人。由交大医学院毕业的医学生进入住院医师规范化培训后，也表现出扎实的理论、技能及科研功底。在 2021 年住院医师国家业务水平妇产科学科测试中，医学院学生囊括上海市前两名，并有 5 人进入上海市前十名。妇产科住培基地学员近三年成功申请 8 项国家自然科学基金青年科学基金项目，发表 SCI 论文及中文核心期刊论文 40 余篇。

作为"上海-渥太华联合医学院"项目的骨干教学团队,该团队每年承担逾300学时的教学任务,借鉴北美医学课程体系,结合中国本科医学教育标准,紧跟国际医学教育发展趋势,经过7年多的探索与实践,得到了师生的良好反馈,其中单元模块课程中常态化、小班化CBL案例学习、PSD临床技能训练,尤其是e-Portfolio电子学习档案使学生在小组领导能力、主动学习能力、实践技能应用和自我评估能力等多方面受益匪浅。2019年相关建设成果在教育部本科临床医学专业认证中得到国际国内专家的高度肯定,国外同行也了解到了中国医学教育的"育人之道"。近年来,团队成员多次受邀在国内医学院校作专题交流,介绍教学改革经验。

教材建设与技能培训是育人的重要载体

教材建设始终是该团队教书育人的重要载体,团队成员先后(副)主编国家级教材10余部,包括主编国家卫健委规划教材八年制《妇产科学》(第4版)、国家卫健委住院医师规范化培训规划教材《妇产科学》(第1版、第2版)、国家卫健委规划教材英文版《妇产科学》及《临床医学PBL教学案例集》等,涵盖横向(双语、PBL教学、临床技能、器官-系统整合教学)和纵向(五年制、八年制、研究生、住院医师规范化培训)两条主线,这些教材无一例外地都将医学人文理念贯穿始终,极大推动了国内妇产科学教材体系建设,目前已经在国内近百所医学院校投入教学使用,广受师生好评,两次荣获上海市高校优秀教材奖。

技能培训是教学核心内容,团队先后录制了8部妇产科临床操作的教学视频,并编写了一套技能操作教材,最大程度保障教学的规范化与同质化。视频和教材现已投入临床教学使用8年余,逾1000名医学生观看学习。由于妇产科患者的特殊性,团队依托维多利亚高端模拟人以及完备的妇产科模具,制定了一整套技能操作带教流程,并结合临床情境,配套编写了十余个情景模拟教学案例,开展多种形式的小型技能竞赛,使医学生能够尽可能"身临其境"地学习与动手操作,多途径拓展实训方式、提升技能水平。2019年,团队凭借在国内的教学影响力,依托中国医师协会妇产科医师分会,引入欧洲妇科内镜手术培训与考核体系(GESEA, Gynecological Endoscopic Surgical Education and Assessment),使医学生能够在本科阶段就接触到最先进的教学理念和培训设备,通过"看→练→赛→考",全方位提升妇科内镜的兴趣与技能水平。相关成果不仅已形成多篇教学论文,并在国内多次教学会议中引起广泛交流。

当前,医学科普传播能力是临床教师必须具备的重要能力之一。团队通过多途径提升医学生的科普素养,培养崇德向善的公益情怀和担当,拓宽育人路径。包括指导撰写各种科普作品、参与科普漫画制作、设计科普宣传文案、参加社区科普宣讲等,在他们心中播撒科普的种子,涌现出一批"科普新星"。2021年师生合作的漫画科普作品《它也算 20 世纪最伟大的发明?》荣获上海市健康科普优秀作品一等奖。

教书育人成果丰硕

实施教学改革多年来,妇产科教学团队目前已建设成为国家一流本科课程(线下课程)、教育部课程思政示范课程、国家级精品课程、国家级精品视频公开课;团队主持上海高校本科重点教学改革项目及医学院各类教学研究课题 10 余项,发表相关教学论文 10 余篇,其成果受到北京协和医院、浙江大学医学院妇产科学院等多所医学院校的认可,部分教学理念、教学模式也被借鉴和推广。曾获上海市优秀教学团队、上海交通大学优秀基层教学组织及上海交通大学教学成果奖一等奖、二等奖等多项荣誉。团队负责人狄文教授曾获教育部课程思政教学名师、上海市教书育人楷模、上海市高校名师奖、上海市育才奖等殊荣,赵爱民教授获"教育部课程思政教学名师"称号,林建华教授、顾卓伟医生分别荣获"上海交通大学凯原十佳教师"及"教学新秀"称号。

附录：上海交通大学 2022 年"教书育人奖"获奖名单

"教书育人奖"一等奖获奖名单(共9个)	
单 位	姓名／团队名称
机械与动力工程学院	张执南
物理与天文学院	陈险峰
农业与生物学院	陈 捷
医学院	徐天乐
外国语学院	朱一凡
密西根学院	Horst Hohberger
学生创新中心	冷春涛
船舶海洋与建筑工程学院	学生就业引导工作团队 （负责人：周薇）
瑞金医院	临床病毒研究室 （负责人：张欣欣）

"教书育人奖"二等奖获奖名单（共20个）

单　　位	姓名／团队名称
船舶海洋与建筑工程学院	杨晨俊
机械与动力工程学院	陈　璐、王　彤
电子信息与电气工程学院	王贺升
材料科学与工程学院	孔令体
生物医学工程学院	丁显廷
数学科学学院	肖冬梅
化学化工学院	王开学
安泰经济与管理学院	史清华、万国华
外国语学院	曹　慧
人文学院	王　骏
体育系	孙　涵
中英国际低碳学院	张振东
自然科学研究院	洪　亮
第九人民医院	贾仁兵
第六人民医院	范存义
物理与天文学院	大学物理教学团队 （负责人：袁晓忠）
医学院	口腔医学院团队 （负责人：蒋欣泉）
仁济医院	妇产科教学团队 （负责人：狄文）

"教书育人奖"三等奖获奖名单（共20名）	
单　　位	姓　　名
船舶海洋与建筑工程学院	刘筠乔
机械与动力工程学院	施光林、沈水云、熊珍琴
电子信息与电气工程学院	王士林、王　昕 诸葛群碧、唐俊华
材料科学与工程学院	郭正洪
数学科学学院	熊德文、皮　玲
医学院	游佳琳
安泰经济与管理学院	王良燕
外国语学院	刘　延、范黎坤
人文学院	安　琪
马克思主义学院	刘　伟
高级金融学院	李祥林
新华医院	李毅刚
上海儿童医学中心	曹　清